대칭과 타협의 접점

국립중앙도서관 출판시도서목록(CIP)

대칭과 타협의 접점 : 성태현 시집 / 지은이 : 성태현. --
서울 : 詩와에세이, 2013
152P. ; 127×206㎝
서울문화재단 '2012 예술창작지원-문학' 지원사업의 지원을 받아 발간됨
ISBN 978-89-92470-1 03810 : ₩8000
한국 현대시 [韓國 現代詩]

811.7-KDC5
895.715-DDC21 CIP2013010900

대칭과 타협의 접점

성태현 시집

詩와에세이

2013

시인의 말

아무도 없는 사대에 올라섰다.

먼발치에서 가물거리는 빈 과녁을 향해 시위를 당겼다. 살아오면서 내게 던져진 숱한 질문의 답을 찾아 나선 나는 지금, 후미진 골짜기에 떨어진 부러진 살을 손에 쥐고 있다.

내가 시를 쓰는 일, 눈 시린 초원을 헤매며 바람의 냄새를 맡는 일이다. 하여, 나는 언젠가는 정곡을 꿰뚫는 살을 날리는 환상을 품고 있으므로 감히 부끄러움을 무릅쓰고 첫 시집을 세상에 내놓는다.

살아있는 동안 답을 구하지 못할지라도 나는 살아있을 때까지 내게 던지는 질문을 그치지 않을 것이다. 그러자면 나는 잠시의 겨를도 없이 내 시를 쏟아내야 할 것이다. 그리곤 또 어쭙잖은 시를 써놓고 그때마다 내 시를 읽어줄 사람들에게 용서를 빌게 될 것이다.

청정한 문단의 풀밭을 어지럽힌 죄, 부디 용서를 구한다.

2013년 여름

성태현

차례

제2부

제3부

제4부

제1부

백합의 향기

시인은 허공에서 바람을 보았다 쇠락한 푯대 끝에 걸려 나폴거리는 손수건을, 깃털을 세운 백로가 움켜쥔 발가락을 풀지 않았다 바람이 있어도 타지 못하는 발버둥을 소리 없는 아우성이라 불렀다

방안에 향기가 가득하다 해질녘까지 붉디붉은 입술을 열고 주름진 속곳을 한 꺼풀씩 벗어 던졌다 점점 더 진하게 쏟아내는 이브의 독설, 이 지독한 암내를 아내는 소리 없는 아우성이라 불렀다

나는 바람을 보았다 거울 속의 아내가 눈가에서 말라붙은 잔주름을 펼치는 동안, 그녀의 목덜미에 배인 아우성을 보았다 창문을 열어젖히자 핏대를 세운 거리의 광장에서 바람의 불꽃이 켜졌다

저 지독한 열풍에 벌들이 타죽는 동안 핏대와 푯대 사이에서 지상의 이브가 눈물의 향기를 뿌렸다

면책사유

진한 복분자 또는 재스민 향으로
코털을 자극하는 일
술에 의한 술책의 시작이다
쌉쌀한 백포도 맛이나 톡 쏘는 옥수수 주정으로
혀끝을 찔러 돌기마다 꿈틀대면
한 단계 술의 술수가 통하게 되는 것이다

활활 타는 위스키 한 모금, 짜릿한 쏘오맥
목구멍 열고
식도를 따라 첨벙 위 속으로 털어 넣으면
술술 주술이 먹혀들어가는 것
술책은, 1퍼센트의 향기와 1퍼센트의 독기
1퍼센트의 열기로
그들의 혓바닥에 바늘을 돋게 하는 것이다

고지혈증으로 혈도가 막힌
어수선한 핏줄에 취기가 돌고
갈라진 등줄기에서 핏방울이 솟는다

해갈을 갈망하는 땀구멍이 구석구석에서 열리고
털끝마다 말초신경이 촉수를 내민다
벌겋게 달아오르는 산과 계곡

꼬부라져 튀어 오르는 역류가 쏟아내는 욕지기
똑바로 서 있던 제방이 비틀거리고
그들은 진원이 애매한 진동에 현기증을 느낀다
폭음이 시작되자
술통 속으로 처넣어야 할 광기
사나워진 폭우가 술통에서 넘친다

목구멍에 손가락이라도 집어넣고 게워내야 할
술의 실책 3퍼센트,
그들을 무너뜨린 책임은 97퍼센트
폭우라는 이름의 천재지변으로 돌리면 된다
그들은 곧, 마주보고 웃게 될 것이다

접사의 기술

붉고 진한 그 꽃술에 입술을 적시려 한다면
호접몽 속으로 날아오르되 쉬이 내려앉지는 마라
모름지기 접사란
접고 접히거나 접으며 접하는 교접이므로
눈 맞출 때까지 눈으로만 숨결을 더듬어라
살포시 속눈썹 내려놓은 그녀, 허상일 수도 있으니
햇살 오는 통로에 엎드려서 심기를 살펴야 하리라
좁은 틈새로 스며든 빛이 다각의 굴절에 따라
몇 가닥 의심으로 파생된 회심의 눈초리
조리개 활짝 열어 속마음도 다 내보여라
그대의 화각에서 무시로 은거하는 잡꽃들까지
어릿어릿 낯모르게 지워내는 것이
용의주도하게 배경을 정리하는 일이다
청정한 빛이 꽃볼에서 꼬리를 물고 튀어 오를 때
감파른 실핏줄 어렸다고 발광하지는 마라
메두사로 둔갑한 그녀가 잡아먹을 듯 달려들더라도
선 채로 버티다가 아직은 삼각대를 접지 마라
손가락이 떨리면 어설피 셔터 누르지도 마라

서둘러 지배하려 한다면, 나지막이 떠도는 미풍에도
솔깃 그대의 손길 벗어날지도 모른다
한 방울 이슬진 측거점이 촉촉이 젖어오는지
지그시 반 셔터를 눌러보라
접사는, 그대의 오감을 한 단계 고조시키거나
단단한 명사로 품위를 바꿔놓을 수도 있을 것이니
지체하지도 마라 그러면
그녀의 볼에서 열뜬 홍조가 사위어갈 것이다
조곤조곤 들려주는 세상 이야기, 귀 기울이다가
바람 멈추고 파르르 잎술 여는 격정의 순간
날렵한 손가락으로 살며시 셔터를 눌러야 하리라
차르르 흐르는 셔터소리가
고화질의 그녀를 품안에 깃들게 할 것이다
접사의 본질은, 눈 안에 가득히 든
오직 그 한 송이 어근에 붙어 솜털 하나 땀구멍까지
긴밀히 접하여 내통하는 소통의 기술이다

대칭과 타협의 접점

머리가 둘 달린 KTX는 서울과 부산을 오고 간다
진자의 추처럼, 앞자리에 나를 마주 보고
역방향으로 앉은 낯선 여인의 반듯한 얼굴을 본다
날선 코를 축으로 공존하고 있는 두 볼과
두 눈, 대칭점을 접었다 펴고 다시 접어보았더니
그녀의 두 눈에서 기다란 더듬이가 쏘옥 기어나왔다
여인은 서울의 길목 어디쯤에서 날개를 펼쳤던가

호랑나비 한 마리가 휑하니 날아간 들판을 지나
기차는 달려가고 있었다 객차마다
중간쯤 낯선 얼굴끼리 맞대고 앉은 자리
사람들은 저마다 앞자리에 앉은 얼굴을 접는다
사람과 사람 사이를 분할하는 탁자 위에는
길게 그어진 분계선이 있다
서로 접다가 구겨진 얼굴에서 노기가 일면
그 점선을 축으로 차르륵 객차마저도 접힐 것이다

이제 눈길을 거두어야 할 때다

저 낯선 여인과 부딪히면 탈선을 일으킬지 몰라
차라리 눈을 감으려는 찰나
내 얼굴을 접던 여인의 눈길이 멈추고
여인은 옆좌석으로 비켜 앉았다
나도 손가방 속에서 낡은 시집을 꺼내 들었다
충돌 직전에서야 서로 눈길을 거둔 것이다
타협의 접점을 찾아 조금씩 비켜섰을 것이다

타종 1분 전

정오는 절정의 시간이다

화엄사, 염천의 여름해가
종루의 정수리에 뜨겁게 내려앉자
무겁게 침묵하던 범종이 검푸른 연잎을 편다
타종 1분 전, 음통의 기억만으로도
용두는 부르르 떨고 있다
젊은 스님이 무연히 시간을 재고 있다

산문 밖, 하릴없는 한 사내
취기 오른 해묵은 울음의 파동이
연구개 경구개로 솟구치자
그가 인두벽을 조이기 시작했다
성문을 닫고 울음 재운다 해도
더 머물러 있어야 할
더더욱 사랑해야 할 황급한 이 시간에,
기어이 쇠북은 터져 우왕우왕 울게 될 것이다
빗장 걸린 세상 밖에서 우우 되돌아오는

목젖 타는 울음을 듣게 될 것이다

종치지 마라, 중생은
절정의 시간에 성불할 일도 없다

묵은지

폭 삭여서 게워낸 맛이라서
가리새 똥냄새 닮았는가
적당히 군둥내를 풍기더라도
시큼 짭짤 시어
맛의 고전으로 발효되리라
속이 덜 차고 빳빳하여
새콤상큼 감치는 김치가 될 수 없으니
묵은지라도 된다는 것

따가운 소금기에 절어
세월에 삭인 제 속을 끓이는 일이다
못다 채워진 양념 대신
몸통이라도 비틀어서
맵짠 소금기를 짜내야 한다
살을 얼리고 뼈를 녹여내야 한다
담즙처럼 녹아내린 신물이
차가운 독을 차고 웅크린
너를 밀어내더라도

서슬픈 곁바람에 솔깃하지 마라
고요가 지루해 항아가리 열면
제가끔 설익은 채 썩어
문드러질지도 모를 일이니

갓 구워낸 돼지고기 생살을
묵은지가드락에 둘둘 말아
아직아직 씹는다
속성과 숙성을 한입에 넣으려다
앗불사, 혀가 씹혔다
숙성이란, 성숙한 뒤에라야
제 몸을 뒤집는 일
선불리 욕심 부리다가는
시여
차마 버려질 것이다

강제 개행

함부로 던진 말이 너무 많아서
말을 다 잇지 못하고 Enter를 치면
행로를 바꾸라는 꺾인 화살표가
가야 할 방향을 가르쳐준다
그만큼 행간에 숨길 말은 많아지리라

단 몇 줄의 시라도 쓰고 싶었던 그는
운율이 숨 쉴 창문마저 닫고
문장의 마침표도 찍지 않은 채
서둘러 Enter를 내리쳤다던가
음절과 어절은 마디마다 끊어지고
외마디로 퍼렇게 멍들어 깊게 패어난 주저흔
타이핑하던 그의 손가락 사이에서
하얀 새 한 마리만 무심히 날아올랐으리라

그리하여 젊은 베르테르는 죽고 또 죽게 될 것이니

젊은 베르테르여,

끝줄이라고 생각되거든 Enter를 치지 마라
어절을 끊는다고 율격이 높아지는가
강제 개행된 마지막 줄 뒤에는, 행간이 사라져서
아무도 숨긴 말을 읽어낼 수 없으리라

톱에 대한 명상

무쇠라도 자르는 강고한 쇠붙이가 톱이라 믿었어
여린 매화나무 가지를 흔들어대는 꽃샘바람
심기가 불편했는지 절절히 애를 끓는,
절창의 소리로 맺힌 톱날의 울음이 들려왔지
창틈에 귀를 기울이자
홀연히 나타난 박쥐가 비음을 섞어 넣고 있었어
여리고 가는 것을 썰지 못하는 톱날의 통곡이었지

절치부심하지 않으면 톱이라 할 수 없어
부러지는 날까지 밀고 당겨야 하는 톱
한순간이라도 멈추면 옴짝달싹할 수도 없게 되지
생살의 단면이 보일 때까지 잘라야 살아남아
어긋나면 수족이라도 자르고 싶지
반듯하게 엮는다는 강박을 먹고 자랐으니
톱이 흘린 땀이 톱밥일 뿐, 아무것도 삼키지 않았어
그를 탓하지 못할 이유가 거기에 또 있었지
이가 다 빠질 때를 기다려봐
톱이 되기 위해 날을 갈고 있는 뾰족한 몸들이

날이면 날마다 나를 기다리고 있어

톱, 날카롭게 날이 섰다고 믿게 되거든
빳빳한 네 몸통을 활처럼 휘어잡고 손톱으로 긁어봐
허공이라도 자를 듯 비통하게 울부짖게 될 거야
결국 너도 톱이 된 거지
손톱이 자라는 것처럼 박쥐가 자라고 있는 거지

경박한 근성의 미학

오랜 시간 욕구를 억누르던 맥주캔의 꼭지
캬악, 하고 목을 따자 내지르는 경박한 소리
지독한 갈증을 자극하는 비명이 상쾌하다
창호문를 닫는 순간
달아오른 구들장의 열기를 품어 안고
바르르 입술을 떠는 문풍지의 기척을 듣는다
서늘한 유리창보다 더 가볍고 따뜻한 고것

팔팔 끓던 라면 가닥을 건져 뚜껑 위에 올려놓고
단숨에 찬물 마시듯 호르륵 삼킨다
어디를 보아도 매끄럽고 가벼운 고것
열 받으면 제풀에 거품 물고 달그락거리다가는
내처 벌겋게 달아오른 화를 누르리라
제 몸을 식혀 가볍게 응수하는 냄비의 뚜껑
잠시 경쾌하도록 후덕한 입맛을 깨운다

허공에서 무쇠 솥뚜껑이라도 엎어누르는 듯
납빛 정적으로 도배된 회의실 벽면에는

납작한 고화질 티브이가 붙어있다
뒤틀린 배알에서 뽀골뽀골 끓는 이상 가열
뒷자리에 죽치던, 빼빼 마른 만년주사가
탁, 하고 얇은 노트북을 덮으며 고요를 깬다
—자! 다들 밥 먹고 합시다

한순간 화들짝 분위기 깨는 저 가벼운 소리
고것들만의 단단한 배경이 따로 있다
찌그러져도 찢겨져도 깨어지지 않는 빤빤한 낯짝
냉온의 혈관이 고루 배열된 부도체를 등판에 깔고 있다
참을 수 없는 열기와 외풍을 압도하는 근성
고것들이, 허약하게 보이는 이들의 완강한 면모다

신을 벗어도 될까요?

까마귀 날자 배 떨어진다
영험을 경험한 선대들이 이르기를
참외밭에서 신 끈을 고쳐매지 마라
오얏나무 밑에서는 갓끈을 매만지지 말라 했거늘
오 마이 갓!
정결한 손으로 끈을 조이는 이
머리끝과 발바닥에서 신과 엮이고 말았구나

신의 이름은 오래전부터 낭비되고 있었지
도포자락 휘저으며
휘적휘적 아리랑 고개를 맨발로 넘어가신 님
발병 난 배신이라 불렸지
군대 간 남친을 두었으므로 배신을 잉태한 여인들
고무신 거꾸로 신지 않기로 결의하고
곰탱이같이 모두 곰신이 되었으니

간절한 기도로 뒤엉킨 신들의 각축이
뒤축박축 지구의 중심축을 무너뜨렸구나

맨해튼 상공의 갓길에서
신의 가호를 받으며 직진하던 비행체가
쌍둥이빌딩을 무너뜨리고
바그다드로 가는 사막에서 무한궤도를 신은 전차가
지구의 뒤축을 흔들어놓았으니

땅거미 질 무렵 쓰나미는 또 몰려올 것이다
내가 먼저 뾰족한 주문을 내뱉지 않는다면
다 함께 신을 벗어도 무사하지 않을까
이 쫀득한 세상에서 아침마다 발가락 모양이
산뜻, 신성한 족적을 뜨겁게 구워낼 수 있지 않을까
험한 길 편안히 인도하여 준 나의 신이여!
이제 그대 품에서 벗어나 맨발로 가리라

수신의 덕목

신체발부는 수지부모이므로
함부로 훼손하지 말라 하였거늘
잘 자란 손톱을 싹둑 잘라낸다
때를 제거하기 위한 고육지책이다

부단히 자라는 각질을 방패 삼아
부드럽고 연약한 살 틈에서 기생하는
시커멓게 웅크린 손톱 밑의 때
은연중 손끝으로 발설하는 탐욕의 흔적이다

고양이 발톱처럼
살육의 흔적조차 사뿐히 감추거나
투명하게 핥아낼 수 없으므로
소소한 일에 집착하여 박박 긁어댔던
불온한 찌꺼기들
손톱만큼도 하찮은 존재가 아니므로

손길의 궤적을 청결하게 지우는 일이

수신의 덕목이라면
손톱의 뿌리라도 잘라내야 한다
다시 또 손을 내밀어야 하므로

가설, 익룡 부활

켜켜이 쌓인 지층에서 시커멓게 변색될 때까지 사무치는 원한을 되새김질하던 뼈다귀들, 스스로 안전장치를 풀고 방사능을 누설하기 시작했다 엄청난 양의 감마선을 방출하면서 깃털 속에 감추었던 용의 DNA를 드러내고 꿈틀거린 것이다 영특해진 닭과 오리들은 뻣뻣해진 털가죽을 헤치고 터져 나온 힘살을 내보이며 일제히 솟구쳐 하늘로 날아올랐다 새의 발톱이 인간의 숨통을 쥐고 있었다 지존이 된 조류의 생명을 위협하는, 원숭이독감바이러스는 지구상에서 완벽히 소멸되어야 하며 그들을 닮은 인류도 제거되어야 할 대상이라는 것이다

곳곳에서 팔팔하게 자라던 원숭이들이 산 채로 구덩이에 묻히기 시작했다 인간들이 원숭이를 키워 새 먹이로 제공하면서 보장받은 생존보장협약은 즉시 파기될 것이고, 원숭이 농장 주변 10킬로미터 이내 모든 인류는 살(殺)처분될 것이다. 힘살 돋은 날개를 펴고 침침한 하늘을 날고 있는 저 익룡들의 단단한 날갯죽지를 보라 수천 년 동안 차곡차곡 뼈다귀로 쌓은 지층을 무너뜨리고 성

난 살기로 발톱과 부리를 들이대기 시작했으니, 어찌하여 인간들은 용의 새끼들을 그렇게 잔혹하게 묻었단 말인가

천년 후, 우주인 찰턴 헤스턴이 지구로 복귀 중 어느 알 수 없는 혹성에 불시착하였다 그 해변에서 무너진 여신상을 발견하고 소리 질렀다 "오 이럴 수가! 이런 미치광이들이 마침내 지구를 멸망시켜 버린 거야" 그리고 그는 굶어죽었다 그때부터 인류는 미지의 혹성에서 화석으로만 존재하게 된 것이다

저격수

표적이 일어선다, 서둘러 제거하지 않으면 내가 죽을
절체절명의 순간에서야
독사의 혀를 가진 자는 저격수가 된다
더운 입김이 덕지덕지 달라붙은 안경
차마 벗어 던지지 못한 그가
표적의 정수리를 향해 총구를 겨냥한다
과녁의 뒤편, 깊은 심중을 꿰뚫어보지 못한 채
흐트러진 윤곽만을 가늠하여 거리를 잰다
어두운 달이 태양을 가리는 개기일식이 시작되면
그는 가늠자와 가늠쇠를 정렬하고
어름어름 가늠쇠 위로 올라설 표적을 조준할 것이다
단 한 발의 독설로 급소를 적중하지 못한다면
그가 품었던 살의는 백일하에 드러날 것이다
바짝 다가선 표적이 고개를 쳐들었다 그는 지금,
무연히 성호를 긋고 있다 신의 용서를 구해야만
꿈틀거리는 생명을 거둘 수 있기에
십자로의 교차점에서 부풀어 오르는 표적
심방의 박동소리를 들으며 방아쇠를 당긴다

총구를 박찬 탄환이 맹렬하게 허공으로 치솟는다
축 처진 혓바닥에서 희부연 최음제가 흘러나오고 있다
그가 사선에서 내려오는 동안, 등 뒤에 서 있는 누가
가늠구멍 속에 그를 가두고 성호를 긋고 있다

동전의 두 얼굴

두 눈에 붉은 등을 켠 커피자판기 앞에서
백 원짜리 동전 하나가 땅에 굴러 떨어졌다
그 자리에서 현란하게 자전하는 구체
값싼 액면가를 감추려는 가벼운 몸짓이 아니다
양면을 다 수용하려는 필사의 의지가 아니라면
채 반 바퀴도 돌지 못할 것이다
지구의 자전은 그치지 않았는데
종국에는, 한쪽 면만을 드러내고 쓰러질 동전
통속을 거부하는 대왕의 지친 거동으로
누구라도 그 어전에서 살의를 품지 마라

허리를 굽혀 창백한 용안을 더듬어본다
한 푼의 두께는 백지보다 조금 더 두텁다
한 번도 마주본 적이 없을지라도
출생의 비밀은 백지 한 장의 차이로 좁혀졌다
태생적으로 양립할 수밖에 없는 형상
가까이 붙어있으면서도 등진 채 반목하리라
모난 데라고는 어느 구석에서도 찾아볼 수 없는

원만한 백 원짜리 동전의 액면
연대를 거스르는 상평통보로부터
수백 년, 묵혀온 알력의 DNA가 잠복해있을 것이다

대왕이시여, 후대의 왕들이 나랏동젼의 얼골을 서르 사맛디 아니하게 지어 어린 백셩들의 말싸미 그치지 아니할새 이랄 어엿비 너겨 새로 쇳물을 끓여 탱자처럼 동글게 맹글어주소서

—이제, 머지않아 이 시는 빛을 보기도 전에 버려질 것이다

주화의 한 면도 옳게 읽어내지 못한 시인은

두텁게 양각된 지존의 형상을 세종대왕으로 오독하지 않았는가

충무공이시여, 큰 칼을 뽑아 시인의 무지와 불충을 단죄하소서

구수회의록

창세기 연대미상, 터어키 아라랏산 부근 흙탕물 위에 홀로 떠 있는 거대한 방주, 궁창의 문이 다 열려 대홍수의 환란이 일어났다 흙냄새에 굶주렸던 노아는 올리브 가지를 물고 돌아온 비둘기를 품에 안았다 종자로 아끼던 옥수수 몇 알을 먹이고 곧바로 구수회의를 열었다 세상의 문이 모두 닫힐 때까지 비둘기를 평화의 상징으로 삼았다 1988. 09. 17 한 무리 비둘기들이 서울의 잠실운동장에서 올리브 가지를 물고 하늘 높이 날았다

2009. 03. 20 서울, 환경부 구수회의에서 전염병을 옮기고 환경을 오염시키는 원흉이 비둘기라고 규정했다 그러므로 관련법규를 개정하여 비둘기를 유해조수로 분류하겠다고 입법 예고하였다 그날 오후, 비둘기들이 바이칼호에서 신종조류독감을 물고 왔을 것이라는 소문이 증권가에 떠돌았다

2009. 10. 10 워싱턴, 오슬로 구수회의에서 비둘기의 눈빛을 닮은 오바마 미국대통령을 노벨평화상 수상자로

결정하였다는 소식을 물고 온 비둘기가 있었다 그 비둘기가 백악관 창문으로 날아든 직후 백악관의 창문이 모두 닫혔다 2009. 12. 1 백악관은 닫혔던 창문을 활짝 열어젖히고 아프간 병력증파를 공식 발표하였다

2009. 12. 08 평양, 서울에 살던 비둘기 한 마리가 50만 명 분의 타미플루를 물고 3호청사의 비좁은 창틈으로 날아들었다 즉시 구수회의가 열렸으나 그 결과를 두고 사람마다 구구하게 예측하였다 예상과는 달리 다음날인 2009. 12. 09 신속하게 남측의 제의를 흔쾌히 접수하였다 그날 서울의 보사부 구수회의에서는 신종플루 위기단계를 심각단계에서 경계단계로 하향조정하였다 덩달아서 국방부가 경계태세를 한 단계를 낮추었는지는 군사기밀에 속하므로 회의록에는 빠져있었다

2054. 03. 10 터어키 아라랏산 중턱, 하늘의 물길이 터질듯이 차올랐다 한 떼의 비둘기들이 군무를 펼치다가 노을 속으로 사라져가고 있다 철새가 된 그들은 지금도

평화의 표상이며 미래에도 평화를 물고 좁은 문틈으로 날아들 것이다 창세기 이후, 명석한 비둘기들의 은밀한 결정 뒤에는 한 번도 뒤탈이 없었다

제2부

엄지발가락

누군가 시간의 갈피에서 망설이는 동안 엄지발가락이 꼼지락거리기 시작했다 직립하기 전까지 유용한 무기였을 엄지발가락, 머리의 무게와 심근의 동통을 견디며 밑바닥에서부터 독기를 품고 자라왔을 쌍두사를 들여다본다 힘주어 오므려보지만 고개를 치켜든 채 발목을 휘어감는다 한 쌍의 독아가 횡경막을 뚫으면 냉혈의 독액이 순행하는 피를 역류시킬 것이다 심신을 장악한 저 두 개의 뱀 대가리가 발길을 좌지우지할 것이다

부르튼 입술을 깨물자 차갑게 번지는 피, 나는 생각한다 고로 나는 쌍두사를 추방할 것이다 기억의 불길이 아직도 타고 있으니 발가락 없이도 흔들리며 균형을 잡으리라 그러면 그는, 험한 발밑이나 떠받치고 살아야 할 것이다

변곡점, PM 6:00

툭 투두둑 여기저기 나뭇잎 떨어지는 소리
잠시 가던 길을 멈추고 뒤를 돌아본다
한 점의 각혈로 착지하는 낙엽
매끈한 보도블록 위에서 먼지로 부서질 가벼운 생애가
스스로 저울질하듯 수직으로 떨어진다
PM 6:00 기억을 지우며 최후의 일각을 새긴다

제가끔 직선을 지향하는 축의 형상으로
누구에게 일탈의 방향을 가리켜왔던가
한 치 오차 없이 초를 다투며 각축을 벌이다가
수만 번 헛돌아서 수직으로 선 바늘
울컥울컥 목울대를 조이는 내상의 울혈마저
한 움큼 토해내지 못하고 서 있다
박차고 나가야 할 뾰족한 변곡점에 이르렀으니
마디마디 발광하던 한낮의 현혹
긴 아낙의 그림자도 빛의 소실점으로 사라졌으리라
그 하루가 다 갔어도 겉돌지 않으려면
뻣뻣이 굳어가는 척추의 어디쯤

스스로의 혈에 일침을 가해야 하는 법
PM 6:00 어스름이 허공으로 지는 정곡을 찾아내
한 번은 박혀야 할 절호의 일각이다

멈칫, 날선 바늘을 움켜쥐어본다
툭 투둑 목에 걸린 쇳소리
소리를 질러보지만 입술이 열리지 않는다
부정맥을 감지한 시곗바늘이
제자리에서 파르르 경련을 일으키고 있다
PM 6:00 그는 죽지 않았으므로
이윽고 마비가 풀려서 고요한 해구에 가라앉을 것이다

Out of focus

언 땅에서 솟은 노루의 귀가 따뜻하다
뷰파인더에서 파르르 솜털이 기지개를 켠다
소복이 부풀어서 만져보고 싶은, 모상체의 아우라
조리개를 한껏 열어젖히고 셔터 속도를 높인다
들파리 한 마리 시커먼 터럭발을 들이밀자
흠칫, 노루가 귀를 털어보였다
—저리가! 너는 꽃벌이 아니잖아
재빠르게 나는 주문을 걸어 녀석을 지워버린다

첫사랑은 산노루처럼 달아났다
눈을 깜박일 때마다 긴 속눈썹을 파르르 떨던 소녀
가까이 다가서자 속눈썹을 치켜뜨고 거부의 눈빛으로
그녀는, 귀를 털며 달아났다 그때 나는
허상의 발광점으로 날아든 들파리였을 것이다
사뿐히 접사해야 하는 계율을 위반하였으므로
나의 원형은, 그녀의 망막 저편에서
재생될 수 없는 까만 배경으로 사그라졌을 것이다

퇴직 후 한 달이 채 지나지도 않았는데
종일 아무한테서도 전화가 걸려오지 않는다
퇴조의 물살이 발밑의 모래를 쓸고 갔는지
피사계의 심도는 점점 낮아져서 기우뚱 몸이 흔들린다
촉각을 세우고 억새의 뿌리를 움켜쥐어보지만,
지금 나는, 한 점 희미한 빛으로 처리될
젖은 솔가지로 흔들리고 있다
한 차례 바람이 지나고 나면
105미리 화각에서 망연히 삭제되고 마리라

비가 그치면, 우포늪으로 갈 것이다
아무도 그 아련한 배경을 애써 지우지 않을,
밀려나도 삭제되지 않을 무한대의 초점거리에서
파르스르르 봄을 은유하며 개구리밥으로 떠돌 것이다
넌지시, 무량한 사계의 수렁에 빠져들어
지그시 색온도 낮추고 무색의 발광체로 부유할 것이다

역광

역광은 거역의 빛이다 하오의 태양이 날선 비늘에 베이며 무겁게 내려앉는다 한 떼의 작은 물고기들이 날카롭게 비늘 세우고 한꺼번에 수면을 박차고 튀어 올라 몸통을 뒤집는다 탑정호의 단단한 물거죽을 찢는, 거슬러 살아나는 빛을 본다 벚꽃의 화우가 하얗게 쏟아지던 봄날의 관촉사, 차가운 석불의 볼에 내려앉은 뜨거운 살빛, 그녀는 꼭 다문 입술을 열어 흐벅지게 한 필지의 황홀경을 읊었다

색정이 넘실거리는 시공에서, 불경스럽게도 나는 전생에 연인이었던 화불을 보았다 역광의 파문은 난반사로 번진다 외진 산간의 빈집 허물어진 돌담장에서 사라진 길 건너 처마 높은 절간의 장독대 위에서 곳간 넓은 어느 관공서 분수대에서, 분수대 옆 폐지 실은 유모차를 밀고 간다 자축거리는 노파의 머리칼에서도 예각으로 파고드는 햇살에 맞서는 비늘 빛, 명암의 경계에서 어릿어릿 한 움큼씩 번지는 눈부신 파문의 빛을 보았다

짙은 그림자를 밟고 일어선 피사체의 등 뒤에서, 역설로 튀어 오른 모반의 음모가 화상으로 맺히면 나는 지체 없이 셔터를 누를 것이다

거미가 되려는 이유

내가 거미가 되려고 하는 것은, 그들이 제멋대로 걸어둔 실을 탐내다가 그 속에 얽혀들었기 때문이다 기름진 벌레들의 속살을 파먹고 비위가 뒤틀린 뱃속을 뒤집어 토해낸 비유이거나 돈키호테의 창끝을 풍자한 그림이거나 무잡한 벌레들을 잡아먹기 위해 이놈 저놈의 혓바닥에 독설의 일침을 꽂아넣은 채 역설의 배후를 거느린 것들 속에 빠졌다 거미가 쳐놓은 그물에 걸린 세상의 온갖 지저분하거나 아름답도록 슬픈 것들의 살점, 게걸스럽게 뜯어먹는 벌레들을 나도 모르는 사이에 파먹고 토해내는 일에 길들여져 왔는지도 모른다 거미줄에 걸린 내가 거미가 되려고 버둥대는 것은, 사방으로 펼쳐진 방사형 빛을 온몸에 칭칭 감고 허우적거리는 짜릿한 강박을 즐겨왔기 때문이다

내가 거미가 되려고 하는 것은, 이른 새벽에 숨어있던 풀섶에서 기어나와 마을 어귀 커다란 고목나무 그늘에서 찰랑거리며 차오르는 바람 탓이 아니다 그 느티나무 잎사귀에 달라붙은 새하얀 햇살로 빚은 실을, 하늘 높이

걸어놓고 흔들흔들 뒤흔들어보려는 짓도 아니다 시금시금 맛이 가고 있는 내가 장터에 몰려든 숱한 사람들의 흐느적거리는 걸음걸이를 핥아내어 그 맛을 음미해보려는 허튼짓거리는 더더욱 아니다 소화되지 않을 각질까지 깨물고 씹어서 질기고 끈적거리는 것 따위를 주둥이로 뽑아내려는 수작이다 내가 거미가 되려고 버둥거리는 것은, 기막히게 기발한 모방의 술수로 비단 같은 실을 뽑아내어 자서전이라도 엮어보려는 슬픈 망상이다

가벼운 곤충이든 살진 벌레 따위가 떼거리로 달려든다는 환상에 빠져 무모하게 입으로 항문으로 머리로나마 진저리치며 내 말을 뽑아내려는 것이다

아득한 등

마지막 짐을 부려놓자 등이 가렵기 시작했다
창백하게 표정 잃은 등 뒤를 돌아본다
팔을 뒤로 돌려서 손바닥을 뒤집어봐도
손가락 끝은 거기에 닿지 않는다
긁어주지 않으면 조금씩 굽어갈 잔등
어깨의 죽지뼈가 서로 맞닿아서
굳건히 다지지 않으면 서로 어긋날 척추의 중심
움푹 패인 그곳은 그늘진 사각지대다
늘 그곳이 가려운 까닭은
활짝 벌린 두 팔과 손가락의 품이 좁아서
내 몸이지만 그 깊은 복판을 감싸지 못하기 때문이다

원숭이는 팔이 길어서 서로 털을 골라주는가
손길이 닿지 못하여 아득히 눈길만 머물러있는 곳
혼자 병원에 다녀와서 허리도 제대로 펴지 못하고
밥을 짓는 아내의 등이다
석 달 만에 찾아간 고향집
냉장고에 얼려두었던 조기 새끼 몇 마리

꼼꼼히 챙기시는 늙은 어머니의 굽은 등이다
구부정하게 집에 들렀다가 서둘러
고시원으로 돌아가는 서른한 살, 내 아이의 등이다
바쁘다는 핑계로 안부조차 전하지 못하는
먼 산굽이 너머 내 형제들의 등이다 그곳은,

밋밋하게 흘러내려 허전한 어깨
한순간 낡은 죽지마저 놓아버리고 싶은 저녁 무렵에
슬그머니 다가가 활짝 펼치고 싶은 등이다

손바닥을 뒤집다

문득 손바닥을 펴고 손금을 본다
밀림에서 강이 흐르고 줄기줄기 일어서는 협곡
네 발로 걷던 유인원이 두 발로 일어선 뒤
인류가 찍어놓은 인간의 운명으로 살아왔듯
아버지와 어머니의 피가 흐르는 강을 따라서 간다
만인부동이라 했던가, 울창한 내 아마존의 우림에서도
물줄기를 바꾸면 뜻밖의 문명이 열릴 것인가

후천적 운명을 결정한다는 오른 손바닥
생명선에서 발원하여 두뇌선을 가로질러 생성된
미숙한 내 운명선, 뒤틀려 흐르는 감정선의 왜곡이
더디게 자라나던 운명선의 앞을 가로막고 있다
원천에서부터 차분히 계곡을 따라 기어가면
어느 해변에서 뜨거운 간헐천을 만날 수 있을까
다시 거기서 두발로 직립할 수 있을까

어느 운명철학관에서
당신의 운명선이 조금만 더 올라갔더라면

그대는 지금쯤 대통령이 되었을 것이오
장군의 눈빛이 빛났다, 그 자리에서 대검을 뽑아
손바닥에서 중지 첫마디까지 깊이 그어진 칼끝
결국 그는, 생명선으로 흐르는 핏줄 한 토막을 끊어
손바닥을 뒤집듯 운명을 바꿨다던가

한 시대를 풍미한 풍운아의 일화를 떠올리며
시퍼렇게 날선 커터칼을 꺼내 들었다
입술을 깨물며 손바닥을 긋자
계수나무 향기가 풍겨오고 멀리 바다가 보였다
뭉툭하게 남은 연필심으로
이리저리 뻗어나간 손바닥 무늬까지
마침내 그려낼 수 있을 것인가

몸의 벽

두렵게 되살아나는 몸은 벽이 된다
고요가 무너져내린 어둡고 깊은 단애로
꾸역꾸역 밀어 넣었던 하얀 현탁액이 벽을 세운다
내 몸에도
진화된 선인장의 피가 흐르고 있다

단칼에 베인 선인장의 목을 보았다
무죄를 증명이라도 하려는 듯
울컥, 새하얀 진액을 토해낸다
그는 순교자가 아니다
제 피로 환부를 치유하는 은밀한 사투일 뿐이다
단 한번 가시에 찔렸다 해서 나는
누구의 허락을 받고 여린 생명의 목줄에
생살을 가르는 단면을 그렸단 말인가
살갑던 주인으로부터 매몰차게 버림받아
어슬어슬 구름의 그림자만 흐느적이는 고도
제 홀로 떠도는 들개가 있다면
그 몸은 또 어느 깊은 내상을 입게 될 것인가

아무에게라도 내보여야 할 통절의 벽까지
울음 삼킨 혓바닥으로 말려낼 수 있을까

나와 선인장 사이
서로 틈입할 수 없는 벽으로 굳어진 뒤라도
차마 그 차디찬 벽을 어루만질 수나 있을 것인가
미워하지 않으면서도 휘두른 손짓과
무심히 밟고 지나간 저 우둔한 족적
다만 몇 마디 귓속말로 지워낼 수는 없을 것이다

재활극장

양푼이동태찌개 식당 앞 놀이터를 끼고 있는 공터에는 쓰레기 불법투기자에게 백만 원의 과태료를 물리겠다 신고하면 과태료의 40퍼센트를 포상한다는 경고판이 쓰레기 봉지들에 뒤덮여 있다
무대 위에서 까치 두 마리가 비닐봉지를 찢고 있다

등받이 넓은 의자가 파고라 기둥에 비스듬히 기대어 있고 낡은 이불 한 채 의자 위에 포개 앉아서 꽃무늬 몇 개 훌훌 서정적으로 날리고 있다
비닐봉지 속의 빈 병들이 시큼한 술 냄새 풍기는
일요일 아침, 담담하게 막이 올랐다

중년의 사내는 무대와 객석이 분할되지 않은 나무벤치에 걸터앉아 담배 연기만 폴폴 날리고 있다
그도 오래된 애착에서 분리되지 않은 폐기물이다
사내의 눈길은 아까부터 미끄럼틀에 그려진 머리만 커다란 두족화에 고정되어 있다 실어증에 걸린 그는 해독할 수 없는 기호에 집착하고 있다

까치 한 마리가 성큼 사내의 발밑으로 다가선다
가슴을 찢어 그의 맥박과 혈압을 체크하고 나면
구순기로부터 감금되었던 고독의 산물까지 속속 추려내겠지
마침내 붉은 울음 터뜨리는 노을이라도 만나게 된다면
찌그러진 양푼에서 우려낸 동태의 진맛을 아는 그는, 용도 폐기된 자신의 등에 '재생' 이라는 스티커를 붙일 것이다

주저앉고 싶은 이 평화로운 공터에서 막이 내리기도 전에 그는 온전히 일어설 것이다
저 그림 속의 아이, 사춘기에 접어들어 꽃무늬를 활활 날리고 있을 때쯤 더더욱 망가져서 당당하게 폐기될 수 있으리라

거울의 바깥세상

밤 아홉 시, 사람들이 TV에 빠져있을 때
비틀린 팔과 다리가 새벽 세 시를 가리키고 있는
거울 속으로 성큼 발을 들여놓았다
내 오른쪽 손목에는 어느새 오메가 시계가 채워졌고
태엽이 윙윙거리며 조금씩 풀리는 소리를 내고 있다
거울 밖에 사는 사람들은 저마다
왼쪽 손목에 커다란 시계를 차고 있고
시곗바늘은 거꾸로만 헛짚고 돌아갔다
6. 5. 4. 3. 2. 1……
시곗바늘에 베이며 지나가는 사람들이
힐끗힐끗 나를 쳐다보고 있다

개기름이 줄줄 흐르는, 중년이
얼굴을 가까이 대고 나를 들여다본다
한참 동안 앞머리를 손가락으로 쓸어 올리더니
빛과 어둠을 가로질러 내 너를 부르노라
거울이 된 내가 거침없이 대답했다
—예 주인님, 바로 당신입니다

기고만장한 중년은 뒤통수를 보이고 사라진다
좌우가 뒤바뀐 채 부딪치는 차가운 평행광선
그 아득한 속내를 헤아리지 못한 채
짐짓 거꾸로 돌아가는 세상을 내다본다
분열증을 일으킨 내가 헛것인지
내가 본 실상들이 헛것인지 알아낼 때까지는
저 낡은 거울에서 깨어나지 않으리라

차례상 앞의 전위

차례를 지내기 전, 정갈한 마음으로 거울 앞에 선다
나는 지금, 어느 고대 부족국가의 오래된 무덤으로 날아가서 무거운 석관을 열고 조상들을 깨워보리라

통로가 열린다
거울 밖의 소리가 전설처럼 들려온다 연유조차 알 수 없는 막연한 그리움이 골짜기마다 옹송그리는 혼돈의 아침, 내가 살아온 저 세상을 그리워하며 웃어보고 찡그려도 본다

층층시하 대대로 좌정한 조상들을 알현한다 나를 닮은 아버지, 아버지를 닮은 할아버지, 할아버지를 닮은 할아버지, 할아버지
저이는 또 누구인가 모진 턱선 주름진 이마의 단면과 피부에 남은 오래된 여드름 흔적, 눈꺼풀이 점점 더 처져 가는
저이가 누구인가요?
이 세계의 경험이 일천하여 선뜻 대답을 못하시는 아

버지, 할아버지

감히 고하나니 가문을 빛내거나 조상의 얼을 옳게 계승하지 못하여 면목이 없사옵니다 그래도 소찬이지만 정성껏 차렸으니 즐거운 마음으로 흠향하소서!

비로소 까마득 먼 조상들과 해후했다 짐을 덜고 가벼운 발길로 돌아오는 동네 어귀에서 홀로 어른거리는 한 소년의 그림자와 맞닥뜨렸다

여드름 꽃이 활짝 핀 저 아이, 다시 거울 앞에서 마주한 저 아이, 누구인가

최종분석, 에세 원

초로의 남자가 비스듬히 유리문을 밀고 들어왔다
'에세 원' 이라고 말했다 남자가 평생을 연명해온 끼니의 이름
끊어야 한다면서도 입술이 마르도록 날마다 갈구했다
하루하루 하루분의 끼니를 부단히 공급해주는 편의점
앞마당 독아지에는 누군가의 폐부를 태우다 남은, 비소와 벤젠의 결정이 수북이 쌓여있다

아기는 그때 벽 속으로 들어갔을 것이다
아비의 등에 업혀 칭얼대던 아기는
'맘마' 라고 말했을 것이다 뱃속에서부터 불러온 어미의 호칭이며 끼니의 이름이다
아비가 먹여주는 몇 숟가락 미음으로 끼니가 충만했으므로 울음조차 잊었을 아기
사경을 헤매는 어미 옆에서 제 손가락을 물고 잠들었으리라

남자가 금단구역을 서성이고 있다

진열대에 반사되는 눈빛은 흔들렸고 질그릇처럼 굳은 낯빛, 허기를 감추려는 듯 입을 열지 않는다
아가야, 이제 그만 그 유리벽을 밀고 나와라
차라리 네 발로 기어서 어미의 젖무덤으로 다시 가거라

세상에 염병이 창궐할 때 네가 보채지 않아서 너의 어미가 아직도 살아있으니
이제는 늑대처럼 입 벌리고 껑껑 울어도 좋을 것이다

* 에세 원(ESSE ONE): KT&G에서 생산하는 국산담배의 상품명

양말을 벗다

발등이 가려워서 구두끈을 풀었지
깔끔한 줄무늬가 보여야 하는데
성글도록 해이한 이면이 보였어
온종일 양말을 뒤집어 신고 다녔다는 걸 알았지
한 가닥 느슨한 실올이 최후의 양심과도 같아
은근히 발등을 조이고 있었던 거야
오늘은 여러 사람을 만났지
친한 사람이나 낯선 사람과도 눈길이 마주쳤지

안부 묻고 홍정하고 부탁하고 잘난 척하고
오로지 매끈한 문양을 짜 넣으려고
날줄과 씨줄을 팽팽하게 당기며 안간힘을 다 썼지
실수였어 아무도 거들떠보지 않는 배후
요목조목 틀어쥐고 있었던 거야
걸핏 그들의 눈빛이나 귓전이 거슬리곤 했어
서로 피하고, 어긋나서 갈라지고, 끊어지다가
툭 불거진 매듭까지 낱낱이 발각되었어

더부룩 일어선 보푸라기마다 온기 품고 있었는데
뒤엉킨 양말의 이면에서 실마리를 찾아냈어
훌렁 양말짝 벗어던지고 가는 거야
어차피 진흙밭이니, 맨발가락 사이
내처 간질간질 차진 진흙이나 밟으며 가야지

자유시간

자유시간*은 달콤하다
이와 잇몸처럼 꼭 붙어사는 부부 사이에도
작은 틈이 생기고 그 틈에 단맛이 고인다
재 넘어 듬성듬성 바위 솟은 들판에서
고요한 강변 미루나무 밑에서 홀로 흔들리는 억새
그이들도 제각기 자유시간을 즐긴다

찬바람 일면 이 시리도록 눈 시린 이가 있다
배낭 속에 비상식량으로 숨겨두었던
손가락 마디만큼 짧은 자유시간, 한입에 깨무는 순간
혀끝으로 사르르 녹아드는 초콜릿
고소한 땅콩의 분말이 자극하는 맛봉오리
감미롭게 무너지는 저 단단한 에나멜
침샘이 갈구하던 당분과 정분이 쌓이고
급기야 통점들이 무성한 골 깊은 틈새에 눌러 붙는다
이윽고 단맛은 쓸쓸한 담즙으로 변하리라
자유시간보다 더 긴 동통의 시간으로
턱뼈를 흔들며 가슴으로 저려 오리라

제 홀로 흔들리는 이여,

그 단것에 군침 흘리지 마라, 자유시간은

빈틈없는 이들에게만 허용된 갈빛 비상구일 뿐이다

* 초콜릿과 땅콩을 주원료로 제조한 과자의 이름

사각의 불면체

에루화, 삼거리는 사거리로 바뀌어가고
사통팔달 사고가 빈발해도 신호등은 점멸하고 있다
삼천리 금수강산에 38선이 그어질 때
삼백만 명이 죽어간 사변이 예고되었듯이
불길한 징후는 숫자 3에서 감지되었다
미터기가 사만 사천사백사십삼 킬로미터에서 잠시 멈추었다가
4킬로미터에 이르는 순간 꽝, 앞차의 엉덩이를 들이받았다
객관적인 사고의 원인은 졸음운전이었다
기원전 삼천 년, 사막의 토대 위에 단단하게 지어진 피라미드
삼천 년 동안 누리던 왕의 무덤은 삼천 년 전부터 무너져내리고
삼십 년 동안 네모진 얼굴을 고수하던 무바라크, 3일 전에 실각했다
너그러운 3의 등 뒤에 숨은 4의 곡절
삼대째 가업을 이어오던 칼국숫집 셋째 아들, 다리를

절고 있으니

전쟁을 겪은 모든 나라의 깃발은 사각으로 진화했으리라

새벽 세 시, 뇌의 사각지에서 빈발하는 사고, 눈을 뜬다

사변이 조여오고 뜬눈으로 사각사각 다가오는 저들을 본다

책상, 가방, 컴퓨터, TV, 창문, A4용지, 사진틀, 청첩장, 고지서

3이라는 숫자와 무관한 저 뿔들은 어디에서 왔는가

삼처럼 둥글게 태어났을 저들의 몸에 4악한 모서리는 언제 생겼는가

며칠 전 날아온 운전부주의 과태료 3만원, 지금 내지 않으면

3주 후에는 4만 원을 내야 한다

사변을 일으킨 근원을 또 다른 각도로 계산해본다

4각형, 내각의 합이 3의 배수인 360도이므로

한 바퀴 돌고 싶기 때문인가 삼백만이 순장된 소의 구덩이

제4의 배수구에서 뿔이 솟았다

뚜벅뚜벅 걸어서 돌아온 소는 누가 키울 것인가
웅크린 소를 닮은 뇌상자 속에는 4의 형상으로 잠복한 두각이 있으니
더 자라기 전에 각성을 치는 태형으로 바꾸어 달라고 청원할 참이다
사각형이 만들어진 스윙의 정점에서 보낸 나이스 샷,
직선으로 내달린 삼각의 꼭짓점에서 새의 턱을 때렸으므로
에루화 쾌재다, 각을 쳐야 선이 살아난다
이제 사나흘 지나고 나면
이 지독한 불면에서 벗어날 수 있을 것이다

제3부

기름진 바다
—태안 기름유출사고* 현장에서

젖은 깃털에서 주르륵 흘러내린 기름 한 방울이
사뿐히 가마우지 한 마리를 바다 위에 띄웠다

기름 한 방울이
만리포 등대 밑을 푸다닥 지나가던 똑딱선을 삼키고
천리포 백사장에서 쪼그리고 앉아있던 갈매기들을 한 입에 삼키고
파도리 자갈밭에 뿌려진, 해옥이 뿜어낸 영롱한 빛을 삼키고
신두리 모래섬에서 집게발을 벌려 완강하게 저항하던 게들을 통째로 집어삼키던 그날

그 해변에서, 아스콘을 싣고 가던 레미콘 트럭이 급기야 배를 드러냈다
부주의로 뒤집힌 지구,
기름 냄새를 토해내며 헛바퀴를 굴리고 있었다

* 2007. 12. 7 태안 앞바다에서 일어난 유조선 기름유출사고

이끼의 분화

지상의 풀이란 풀들이
햇살의 실마리를 잡고 제천의식을 올릴 때
으스름한 바위 언저리로 기어든 풀이 있다
불을 발견한 유인원들이
뽕밭 일구던 불밭에서도 한 방울 이슬로 소생한 풀,
빛을 거부했으므로
씨조차 거둘 수 없는 헛꽃, 이끼라 불렀다
바위 그늘, 해묵은 고목의 썩은 밑동에 둥지 틀고
나지막이 내려앉아 죽은 듯 살아있는 이끼
바닥을 기는 벌레들을 품어 안는다
얽히고설키어서 촉촉하게 젖어있는 풀

변종들이 불을 숭상한 후유증으로
홍등의 불똥이 길거리로 번져나갔다
된서리에 밟혀 하얗게 말라죽는 이끼
서릿발을 밀고 새파랗게 돋아난다
삐뚤어진 줄기세포에서 음험하게 돋아 삐끼라 불렀다
눅눅히 젖어드는 가로등 밑에

게슴츠레 침 흘리며 기다리는 그가 있다
이끼를 닮은 정체불명의 생명체가
화성에서도 발견되었다
이끼, 삐끼
누가 마른 풀을 굴리며 화성까지 갔을까

서기 2100년 화성의 분화구
"쉬었다 가세요. 촉촉히 젖은 거머리 지렁이 있어요."

게놈분석

그러게 게걸스럽다 하지 않는가
제각기 게딱지만한 집 등에 지고 줄줄이 태어난
게, 서러워서 갯고동이든 소라껍질이든
뒤집어쓰려는 게지
눈에만 띄면 게 눈 감추듯 먹어치우는 게
허기가 아니다 입만 있고 뒤가 없으니
앞뒤 가리지 않고 먹어치울 수밖에
부글부글 게거품 입에 물고
한낮의 갯벌에서 이전투게 벌이는 까닭을,
게들은 알지 못한다
수백 마리 복제된 쌍둥이들이
탯줄 없이 태어난 게 그들의 한계라는 것을

그러니 괴상스럽다 하지 않는가
뭍과 물에서 양다리 걸치고 살아야 하니
눈치 보느라 두 눈은 길쭉하게 늘어지고
낯가죽도 두꺼워진 게지
게 잡아먹는 불가사리 앞에서도

아침 떠느라 비벼대어 퉁퉁 부어 굳어진 두 손,
살아남기 위해 제 손 발가락 다 자르는 처절한 결단
가련하지 않은가
그래도 게들은 알지 못할 게다
남을 위해 제 목숨까지 버리는 생명도 있다는 걸
그러니 평생을 진흙구덩이에서 살아가야 하는 게지

게, 섰거라! 옆으로 기어가며 게기는 게들아
게놈분석해볼 일이다

안락사에 대한 비전문가 소견

동이 트자마자 소쿠리 속에서 꼬물거리던 미꾸라지들이 발광하기 시작했다 실수로 등줄기에 소금 몇 알 흘렸는데도 일제히 치를 떨며 튀어 올랐다 안락사를 면하려는 몸부림은 일찌감치 벌여놓은 장터거리의 어수선한 저자에서부터 시작되었다

아리랑 2호가 태어나자 아리랑 1호가 궤도를 이탈하여 어디론가 잠적했다 2천억 원이 넘는 값비싼 쇳덩이가 스스로 안테나를 접었다 홀로 떠돌던 우주공간을, 선점한 무주공간으로 여겼는지는 지금은 알지 못한다 감시자들이 한눈파는 척하는 사이 낯선 행성의 소금밭에 헛발을 내딛었던 그가, 50년쯤 지나서 더 낡아진 지구의 후미진 구석으로 자비로운 덫에 걸려 부러진 녹슨 발을 내밀지도 지금은 모른다

어떤 권투선수가 경기 중에 링 밖으로 튕겨 나왔다 치열한 난타전 끝에 뇌가 터졌다면, 그 이유를 규명하려는 격론이 피를 뿜어야 했을 텐데 사람들은 너무도 조용하

게 그의 신선한 몸에서 콩팥을 뽑아내면서 '그것은 일종의 과욕이 빚은 거룩한 참사' 라는 매끄러운 결론도 뽑아내었다 그 시간에, 그의 심장도 누군가의 가슴에 단단하게 조여져서 다시 뜨겁게 펌박질한다면 사람들은 그를 알아볼 수 있을까

인간을 닮지 못한 저 미꾸라지들은 조만간 신을 빙자한 집행자들에 의해 안락사로 처리되리라

위대한 실패작

모락모락 목욕탕마다 굴뚝 연기 비릿하다
은밀히 점철된 땟국의 원천을 찾아서
고분히 분투하는 고양이 혓바닥을 보았다
발가락 사이에서 배꼽 거쳐 목덜미까지
피멍울 맺히도록 날을 세워 허물을 벗겨낸다
안식처가 노출되어 퉁퉁 불거져 나올 때
길게 누운 나신에 마법을 걸고
입소문으로 번져서 무수히 돋아난 오욕까지도
야금야금 핥아낸다 때수건,
한 층만 더 벗겨내면 비루한 각질은 사멸되고
피하에 고이 고인 지방층도 얇아질 것인데
희뽀얀 손가락을 펼쳐 보이는 새끼 고양이들
열탕에서 오줌 지리며 통렬한 쾌감을 핥고 있다

한류의 열풍이 활활 타들어가던 날에도
반도의 부패지수는 자꾸만 올라간다
깨끗한 나라를 세울 날은 없는가, 그 언제쯤
지중해의 반도 이태리에서 옷감 받아

서양 치마적삼, 마고자 지어 수출하려 했다던가
품격 미달로 조각조각 잘려나간 인조섬유
스파게티를 뽑아내는 재주가 있다 해서
이태리타올이라고 이름 지어준 것이 아니다
물기 머금고도 젖어들기를 거부하는 청빈한 기품
갈포 한 올 걸치지 않았어도 까칠한 성깔
가학의 돌기까지 빼어났다
양장 한 벌 짓지 못한 죄로 실낱마다 거품 물었으니
더 이상 온건하게 진보한 실패작은 없다

오돌토돌, 괭이 혓바닥의 참신한 조합이
수신제국의 기풍을 탄탄히 직조할 것이다
때로 발가락이 가려운 부족
손손이 물려줘야 할 때인 것이다

깔끔한 고양이

깔끔한 고양이 한 마리가 즐겁게 살고 있답니다 못 먹을 걸 먹었는지 소화되지 않은 걸쭉한 배설물들이 나왔어요 건더기만 골라 세척한 뒤 부위별로 밀봉하여 비밀번호 넣었지요 그런 다음 컴퓨터 뒤편 송송 뚫린 구멍 속으로 차곡차곡 밀어 넣는군요 보일러실 온수 배관 틈새에서 새콤하게 곰삭은 똥단지 몇 개는 친척집에 숨겨놓았대요 화장실에 다녀온 뒤 몇 차례 헛기침하더니 발가락에 침 발라 세수를 하네요

외출을 하네요 꼬랑지 바짝 세운 채, 득실거리는 맹수들의 발자국을 밟고 사뿐사뿐 제 발자국을 찍어갑니다 즐비한 생선가게 마다하고 생뚱맞게 미술관으로 가고 있어요 창틈에서 비릿한 살냄새가 풍겨 나와요 살짝 열어놓은 창틀에 폴짝 올라섰어요 피카소의 여인이 실눈을 뜨자 활처럼 등을 휘더니 여인에게 뛰어올랐어요 치켜세운 그녀의 모조품 콧등을 핥으며 찔끔찔끔 오줌을 지리는군요 커튼이 내려졌어요

다시 집구석으로 돌아오는군요 어둑어둑 저물어가는 데 길바닥에 깔린 보도블록 틈새에서 거미 새끼들이 꾸역꾸역 기어나오고 있어요 오가며 구석구석 밀어넣었던 낮 뜨거운 밀어들이 살아났대요 지척에서 맹수들의 가래 끓는 소리가 들려와요 화들짝 놀란 깔끔한 고양이, 갑자기 시멘트 바닥을 박박 긁어대기 시작하네요 똥이 묻은 발자국을 지우고 있어요 비린내, 구린내, 지린내를 덮고 있어요

비명이 들려왔어요 맹수의 뱃속이 궁금하네요 통째로 삼켰으니 제대로 소화시킬지 신문이나 볼래요

개소리 이해하기

어느 낯선 골목길을 지나가는데
내 발소리를 듣고 어느 집 개가 갑자기 고개를 내밀고 나를 향해 왈왈 짖어대기 시작했어
나도 개를 보고 위압적이고 건방진 투로 말했지
—야이 똥개새끼야, 좀 조용히 해!
그랬더니 몇 번 더 짖고는 조용해지더군
개한테 미안한 마음이 들어서 이런저런 생각을 해봤지

혹시, 저 개는 내가 내뱉는 소리를 듣고 동네 친구에게 이렇게 떠들어댔을지 몰라
—어떤 돼먹지 못한 인간이 지나 가길래, "넌 처음 보는 녀석인데 누구냐" 고 물었더니 그 인간 다짜고짜 나를 보고 사납게 왈왈 짖어대더군, 말할 가치도 없어서 지나가는 꼬라지만 지켜봤지, 자네 집 쪽으로 가고 있으니 쌍판때기나 한번 보게나 왈왈

개와의 짧은 대화는 각기 다른 언어를 사용했으므로 서로 이해가 부족했지만, 가끔 TV에서 나오는 개소리엔

귀를 기울여야 할 때도 있을 것 같네

어디서 절박한 확성기소리가 들리는군, 전화 끊어야겠네

아무튼 지금 짖어대고 있는 소리를 무슨 개소리냐고
묻지는 말게나 왈왈

서라벌의 노래
—서출지*에서

상열의 선율을 가르는 화살
옻칠 냄새 가시지 않은 금갑에
꽂꽂하게 처박히며 깃간을 부르르 떨었다
팽팽하던 가야금 줄이 터지는 소리
비명은 그쳤지만 사슴의 비명이 아니었다
소지왕은 살을 떨며 노래를 부른다
—열어보면 두 사람이 죽고
열어보지 않으면 한 사람이 죽는다

그 후 수백 년, 달빛이 살빛처럼 하얗던 날
달빛과 살빛이 어우러져 펄럭이는 금침
성큼 들어선 이, 두 눈에서 일어선 살기가
네 개의 발바닥에 살촉처럼 꽂혔다
파르르 떨고 있는 발은 사슴의 발이 아니었다
달빛은 섬돌 위에 주저앉아 흐느끼고
처용은 천천히 일어나 춤을 춘다
—둘흔 내해엇고 둘은 뉘해언고
본대 내해다마난 아자날 엇디하릿고

천 년이 지나고 또 수백 년
서출지 맑은 물 흙탕물이 되어가도
아직은 늙은 잉어가 살고 있는데
거리의 궁전은 금갑보다 더 단단한 벽돌
소지왕의 내전에는 상열의 숨소리 가득해도
이제는 살을 떨며 노래 부르는 이 아무도 없다
달빛보다 뜨거운 전광 아래 난무하는
역신들, 아무도 처용의 노래를 두려워하지 않는다
너른 들판에는 죄 없는 길손도 없으니

* 경상북도 경주시 남산동에 있는 연못

로드 킬

명석한 지구인들이
떠도는 행성의 속도와 각도를 계산하며
숨조차 내쉴 수 없는 외계로 발길을 내딛었다
은하의 물길은 점점 낮아져서
단단한 길이 열릴 것이라고 믿었다
1986년 겨울,
허공으로 질주하던 우주왕복선 챌린저호가
사나운 짐승의 형상으로 폭발하고
탑승자들은 모두 숨을 거두었다
신의 영역을 침범한 무모한 도전이었다
2011년 여름,
짐승들이 밤새워 요리조리 닦아놓은
매끈한 오솔길이 뭉개지고
거칠게 깔아놓은 시커먼 아스팔트길
고라니 한 마리가 허리를 꺾은채 죽어있었다
그날, 경쾌하게 내달리던 관광버스가
수십 미터 낭떠러지로 굴러 떨어지고
인간과 짐승들은

서로의 눈빛과 발톱의 각도를 가늠하고 있었다
짐승의 길 위에서 무모한 살육이 시작되었다

위험한 피

푸른 맹독을 채집하는 땅꾼이라도
쾌락의 꼬리를 잡는 순간 위험 수위는 높아진다
한 손으로 잡은 뱀의 껍질을 벗기려다가
독니에 혀를 찔린 젊은이는 숨통이 부어오를 때까지
타는 뱀의 목을 물고 있었는데
죽은 이의 맥박을 타고 심장으로 몰려드는 뱀의 피
더 빠르게 뛰고 있었단다

맹목의 자동차가 이정표를 놓쳤다
피의 온도가 상승하자 관계가 모호해진 중년의 남녀
도의 경계지대, 금강의 하구언에서 길을 잃었다
급기야 도를 넘어선 그들
서로 입을 물고 강물 속으로 들어갔다지
돌아가는 철새들의 그림자만 어른거리던 강바닥에서
한동안 뜨거운 파장을 일으켰으리라

젊은 부부의 혈류는 파동 주기가 서로 닮아갔다
새벽 달빛이 푸르스레한 광기로 고조되던 날

아내의 목소리가 일으킨 파동이 교란을 빚었는지
급기야 남편은 치를 떨고야 말았다던가
욕조에 쓰러진 여자의 목덜미에 하얗게 내려앉은
달빛이, 시커멓게 굳어가는 시반으로 스며들고
게임기 속의 남편은 오랫동안 헤어나오지 않았단다

유유상종하는 이들이 빠져 들어간 깊은 물이 아니더라
도 누구의 팔뚝에도 이따금, 푸르도록 옹근 파문이 일곤
하지

뻥뽕빵

'오' 다르고 '어' 다르다고 했던가
있는 것을 없다는 것이 뽕이라면
없는 것을 있다고 하는 것이 뻥이다
복면의 사내가 터질 듯 빵빵한 길목에서
병목을 막고 뻥을 팔고 있다

제철 없이 모자를 푹 눌러쓰고 있다
챙 넓은 모자의 무게만으로도 가볍게 짓눌리는
커다란 뻥과자 뭉치
부풀어 오르다가 뻥 터질까 봐서
양손으로 지긋이 누르고 있다
불투명한 색안경 너머 확장된 동공
낯모르는 낱말들을 주워 모은 뻥들은
가볍게 부서진다는 것을, 그는 숨기고 싶어서
백주의 낯을 가리고 있다
밀반죽에서 사그락사그락 효모가 자라나면
맛있는 빵이 되지만
적막의 허기 속에서 뻥 터진 과자

오리의 목덜미, 발기한 성감대에도 온정은 없다
뾰족이 솟아오른 뽕, 애교에 그쳐도
심심풀이로 씹어도 뻥은 뻥이다
뻥튀기 광고판이 즐비한 거리에서 뻥과자 파는 사내는
뻥과자도 뻥이라는 대답 차마 할 수 없었는지
아예 하얀 마스크로 입을 봉하고 있다

길이 뻥 뚫리자 뻥 파는 사내가 사라졌다
정체되었던 자동차들의 배기통에서
막혔던 뻥이 한꺼번에 방기되고 있다
뻥이 넘치면 뽕이 되거나, 뻥뻥 터져서
금세 고약한 냄새로 부푸는 허공
진정 슬플 때는, 빵빵한 빵을 먹어야 산다

단추의 진화

동그랗고 작은 단추는 자란다
옷깃과 옷깃 사이
벌어진 뜸을 꼭 잡아매 주는 단추가
실눈을 꿰뚫고 여기저기서 진화하고 있다

단추를 누르자
네모진 얼굴의 엘리베이터가
성급한 사람들의 코를 꿰어 끌고 가고
단추를 누르자
사람들을 동글동글 엮어 실은 만원버스가
훌러덩 문짝을 열어 제치고
단추를 누르자 들판을 끌고 도시로 달려가던 기차가 등허리를 출렁이며 멈춘다
단추를 누르자 식당주인이 펄펄 끓는 물병을 들고 달려오고
단추를 누르자 구름을 뚫고 치솟던 미사일이 지구를 향하여 머리를 돌리고 있다

컴퓨터 속의 오래된 사진첩
먼지를 털어내자 낯모르는 할아버지 마고자에 매달린 호박골단추가
한 가닥 실마리에 목을 걸고 있다
이제 곧 힘에 부쳐
툭, 떨어질지도 모를 단추가

실종

녹맹의 눈에는 진귀한 풍경이 보인다
얘들아, 저기 귀 달린 뱀을 보아라
슬슬슬슬 초가의 추녀를 타고 미끄러지듯 기어가던
집임자*, 문설주에 기대 선 황 노인은 그렇게 불렀다
뒤숭숭 구멍 뚫린 폐가의 벽채를 들여다보면
시커멓게 그을린 서까래 아래 둥그런 무쇠솥 하나
노인이 남긴 온전한 유산이다
심통스런 도깨비들이 밤마다 솥바닥을 박박 긁어댔지만
혀가 말린 그는, 너덜거리는 허물을 끌고 사라졌다
뜨거운 돌밭으로 배를 밀며 간 비릿한 족적
몇 사람의 한쪽 귀로 흘러서 낡은 전설이 되었다
아이들의 기억은 젖은 대밭에서 뿔뿔이 흩어지고
구석구석 거미줄에 낱낱이 기록되었을 출생의 내력도
염도 높은 시멘트 벽돌 속으로 녹아들었으리라
다시 나타나지 않았으므로 그는 실종되었고
붉은 사선으로 지워야 할 이름조차 없었으므로
두 귀가 화석으로 발견된다 하더라도 살아있어야 옳다
집임자 그는 지금, 낮도깨비 득실거리는 어느 도회

칙칙한 배수관 타고 이집 저집 기웃거리고 있을지 모른다
기럭지가 긴 전단이라도 돌려야 할까
골백번 그려봐도 십자가로만 보이는 화상
신들이 울리는 종소리가 겹겹의 동심원을 그려낸다
허물을 벗고 벗어도 에덴의 추억은 생생한데
누가 귀 열고 피리 장단에 덩달아 춤추고 있는가
굳어질까 내지르는 혀의 비명을, 누가 저주라 말하는가
담 넘어 동쪽 마을로 가는 깨어진 돌길에
황망히 흘리고 갔을 귓밥이라도 찾아보리라
튼실한 부재 증거가 쫑긋이 귀를 내밀게 할 것이니
온기 잃은 발가락 실핏줄마다 뜨거운 피 휘돌면
기어이 그의 출생신고부터 해야겠다

* 사람 사는 집에 사는 구렁이를 경원의 대상으로 지칭하는 호칭

무채색의 비밀

지구 종말이 예고된 12월 21일 봉명동 변두리, 성냥갑 같은 2층 조립식 목조건물에는 '싱싱과일'이라는 간판이 붙어있었지 녹황색 복숭아, 빨강색 사과, 진노랑 바나나 그림에서 꾸역꾸역 녹즙의 원액을 뱉어내는데, 정작 2층에 주홍글씨로 나붙은 '성인용품'이라는 간판이 짐짓 눈길을 어지럽히고 있었지

차디찬 눈발이 신도시로 가는 골목길을 휘덮고 있었지 때마침 검은색 짧은 치마를 입은 여인이 과일가게 문을 밀고 나왔지 농익은 과즙을 물씬 발산하는 여인, 빨간색 구두 한 짝을 허공으로 날렸지 원색적으로 도발했지만 눈길은 거뭇거뭇 거스르는 보도블록 위에서 미끄러졌지 원색과 무채색의 부정교합이 요추협착까지 유발한 것이지

무겁게 짓누르는 눈, 층층이 쌓여서 거대한 구체의 자전축이 기우뚱 흔들렸지 취한 발걸음으로 부단히 따돌린 무채색의 반란, 비틀거리며 온몸으로 거부했지 종

말이 오기 전에 홀연히 은하계로 사라진 마야족의 비밀을 한 줄이라도 풀어내야 했지 번쩍 스쳐가는 유성의 꼬리를 한 손으로 쥐고 마야인이 남긴 2012년 달력의 끝장을 움켜쥐었지 채도를 잃은 나는 지구를 등지고 나뒹굴었지

눈을 헤치고 지구를 살펴보았지 〈계사년 2013 CALENDAR NH〉, 벌겋게 달아오른 색정을 억누르고 농염한 먹물로 담담히 그려낸 수박 한 덩이, 자오선이 선명하게 살아나고 있었지 그리하여 아직은 파열음을 듣지 못하였으므로 지구는 빙판길에서 싱싱하게 굴러가고 있는 셈이지

고속공포증

지진파를 감지한 그가 내비게이션을 켰다
—존재하지 않는 지역입니다 목적지를 다시 입력하십시오
카랑카랑한 여인의 목소리가 그를 억압한다
고속도로가 흔들리기 시작했다
앞서가던 대형트럭 한 대가 이글이글 끓고 있는
도로 한복판에서 춤을 추는 듯 가물거리고 있다
—저 지평의 끝에 이르면 달콤한 미궁으로 빠져들게 되겠지
그가 혼미 속에서 목적지를 찾고 있는 동안
직진의 관성을 잃지 않은 그의 지프는
너울거리는 고가고속도로 위를 비틀거리며 치달리고 있었다

젊은 시절, 폭주하는 업무 속에서 쾌속을 즐기던 그는
나이와 연루된 회색빛 어지럼증을 즐기기 시작했다
한 살 더 먹을 때마다 한 움큼씩 삭아 내리는 철계단을 밟고 서서 단단히 박힌 붙박이 지표를 후들거리며 흔들

어대곤 했다

퇴직 후, 족쇄 풀린 그의 머리속이 지각의 변동을 일으킨 것일까

유유자적하는 동안 감미롭게 오감을 흔드는

미진의 여파 아찔한 유희 방법을 터득한 그는

자동항법장치의 경고를 외면하고

은밀히 내통하던 자동차의 고삐를 풀어주기로 했다

맥박이 점점 빨라진다 해도 브레이크 대신, 천천히 가속페달을 밟아서 내달리는 자동차를 부추길 것이다

두려운 존재 앞에서는 눈빛을 마주보고 직면하리라

서해바다로 가는 어디쯤, 부재의 구역에서 스스로 흔들리며 미끄러지다가 암팡진 궤적이라도 남길 것이다 결국은

그의 병명은, 고압으로 누설된 고소공포증 바이러스가 면역력이 떨어진 그의 평형감정에 잠입하여 장기간 고착되었다가 퇴직 후 방심하는 사이, 촉매제인 투사성 방

어기제가 체외수정되어 고속으로 증식된 뒤 생성된 고속공포증이다

제4부

너도바람꽃

산이 조금씩 무너지고 있다
산비탈 돌밭에 피어난 순백의 꽃
가녀린 꽃잎 파르르 떨고 있다
너도바람꽃
그 파장으로 또르르 무너져내리는 돌멩이 하나
꽃이 산을 무너뜨리고 있다
그 작은 꽃, 어디에 바람을 품고 있었는지
바람을 일으키는 것은
둥지짓기에 바쁜 오목눈이들의 날갯짓뿐인데
바람에 긁힌 흔적만이 꽃잎에 명료하다
납작 엎드려서 꽃의 눈을 들여다본다
우글거리는 메두사의 머리들
눈을 마주치자 일제히 고개들 쳐든다
범접할 수 없는 하데스의 땅
비탈길에서는
바람 풍겨와도 그 꽃과 눈 맞추지 마라
그 바람에 너도 돌이 되고야 마리라

발톱의 힘

완고한 세계를 꿰뚫고 싶다면
목덜미에서 힘을 빼고 수직으로 입수해야 한다
고개를 숙이는 일이
유리컵 속의 젓가락처럼 지조를 꺾는 것은 아니다
스스로 날개를 접은 채 시속 300킬로미터의 속도로
수직 하강하여 물의 벽을 뚫는 물수리
비늘 고른 물고기를 쥐고 날아오르는 기세를 보라

오래된 책장을 정리하다가
책갈피 속에 은둔해있던 한 마리 물수리를 보았다
빳빳한 지폐가 수직으로 떨어지다가
바닥을 뚫지 못하고 쭈르륵 미끄러져 나갔다
단번에 한입거리 먹이가 될 몸짓으로
물수리를 흉내내었지만 무리수였다
활개 꺾인 한 남자의 수직 강하
목덜미에서 꾸역꾸역 군은살만 부풀어가는
퇴직 후 3년, 발 닿을 곳마다 낯선 물빛이다

두렵게 다가서는 발밑, 안착하지 못하면
급기야 부딪치고 미끄러질 것이다
뒤뚱거리다가 누군가의 먹이가 되지 않으려면
물수리의 발톱이라도 빌려야 할 것이다
기분 좋은 날 청정한 강을 만나서
활개 접고 고요히 빠져들면, 시푸른 물고기 한 마리
발톱의 힘만으로 건져 올릴 수 있을 것이다

새들의 허기

새의 날개는 타고난 양력이다
뒷걸음칠 줄 아는 새가 있었다면
그새, 세상을 다 움켜쥐었을 것이다
물의 깊이를 재며 수평으로 날던 새 한 마리
물씬 비린내가 진동하자 느닷없이 곤두박질치다가
민둥머리로 망연히 주저앉은 그 새를 보았다

줄의 힘을 빌려, 팽팽하게 당긴 줄에 얽혀서
차디찬 바람벽을 가르다가 과녁의 옆구리 스쳐간 살
갈밭에서 부러진 날개를 펼쳐 보였다
그 많은 새들이 뚫고 갔을 곧은길에서도
새벽에 뒤바뀐 바람의 빛깔을 구별하지 못한 탓이리라
물밑에서 떠오르는 물고기들의 고달픈 풍문이
다각으로 굴절된다는 것을 그새 잊었으리라
날개 돋친 짐승들은 돌아설 수 없는 지경에 이르러서야
젖은 풀밭에 풀썩 주저앉아서
간발의 차이로 헛짚었다는 것을 깨닫는다
날개에 허기가 차면 어디도 관중할 수 없는 법

가난한 자의 양력은 허기뿐이다
주춤주춤, 몇 발자국 물러섰다가 힘차게 내닫는,
휘청거리는 헛다리짚고 두 발 뻗어 제 몸을 내던지는
저 허기마저 비운 장대높이뛰기 선수
한 줄의 약력으로 높은 턱을 차고 넘어
그새, 일거에 관중의 허기를 채울 것이다

맨발의 피

혹한의 강변에서 카메라 줌을 당긴다
순백의 카펫 위에 등장한 작은 물떼새 한 마리
스포트라이트의 발광은 없어도
천만화소로 분해된 반사광이 박빙에서 작열한다
사뿐히 찍어내는 고혹적인 걸음걸이
카메라의 눈이 사르르 실눈을 뜬다
S모드로 바꾸자 새는,
스르르 앙가슴을 열어
최적의 노출값으로 파인더에 잡힌다
깃털에 바람이 오르자 언뜻언뜻 드러나는 쇄골
가늘고 긴 새의 다리, 맨발을 보여준다

발가락 사이사이 더 여리고
더 가는 골을 따라 힘차게 뻗어나가는 피
얼지 않을 만큼 차가운 새발의 피를 생각한다
앙상한 다리, 젖은 발로 살판을 배회하며
오직 먹이를 찾아야 하는 허기진 하오
바람을 품고 있으면서도 날지 않는 저 새에게서

강추위 따위는, 한 점 피일 뿐인가
과다노출된 눈밭에서 잡힐 듯 잡히지 않는 새의 눈빛
이리 애틋하게 추파를 던져보지만
시리도록 야릇한 눈빛은 돌아오지 않는다

한겨울, 도시의 곳곳에도 추위를 잊고
홀로 재깔이는 물떼새들이 있다
노출계가 설정한 눈금을 벗어나서
하얗게 현신한 눈부신 발광체
종아리를 내보이는 새에게 함부로 묻지 말자
냉혹한 빙판에서 때로는 외발로 서야 할 저들이
박차고 치솟을 힘은, 피다
발은 담가도 깃털만은 적시지 않으려는
뜨거운 냉혈로 순치된 차디찬 여자의 피다

꼬리의 기원

봄이 오자 철새도 아닌 작은 딱새가
남방의 어느 나라에서 한류를 타고 날아왔다
가무잡잡하고 체구가 작은 그녀가
시내를 관류하는 갑천변에 홀로 둥지를 틀었다
농익은 주황빛 꼬리를 몇 번 흔들어대자
파파라치들이 그녀 주변으로 몰려들었다

황소가 긴 꼬리를 내두르며 파리를 쫓던 날
건달 이도령이 합죽선을 차르륵 펴들었다
사랑사랑내사랑이야, 목을 빼고 사랑가를 부르자
남원 고을 퇴기의 딸 춘향이가 그에게 쏙 빠졌다
몸통이 새파랗고 꼬리가 붉은 작은 새
희귀종 부채꼬리바위딱새가
할 말이 많은 듯, 속삭이듯, 때로는 목청 돋우며
애절하게 얼레리삐삐쏙쏙, 꼴레리삐삐쏙쏙
부채꼬리를 활짝 펴들고 흔들어대며 짝을 찾고 있다
얼레리, 어느새 나도 그 새에 쏙 빠졌다

오늘 또 두 시간째 그녀를 기다리는 동안
찌리릿찟찟, 찟찌르르 내 꼬리뼈가 소리를 내지른다
애석하게도 나는, 기원전 279일
출생의 비밀을 풀기 위해 심연을 유영하다가 꼬리를 잃었다
사르르 불사르르 타는 저 핏빛 부채꼬리
댓가지 부챗살을 타고 더운 피가 흐르는
철없는 인간이, 인간이 되기 전에 자른 사람의 꼬리다

노모차

노을보다 어둠이 먼저 오는 골목길이다
허리 굽은 노파가 밀고 가는 유모차
담장 위 무료한 고양이 망막 속으로 고요히 침잠하는
달랑 열쇠고리 하나, 유모차에 이끌려 가는
노파의 굽은 허리춤에 매달려 흔들거리고 있다
바퀴가 멈칫거릴 때마다 자촉자촉 더딘 발걸음
아슴푸레 골목 끝 잿빛 그늘에서 잦아드는
한 폭의 소묘, 실눈으로 본다 그것은
저문 숲에 깃드는 한 마리 새의 형상이다

창창히 반짝이던 유모차, 노모차 되고
젊은 에미 할미 될 때까지
골목길은 조금씩 더 굽어가도
아침마다 낮은 처마 밑에 햇살이 들면
혼자서는 직립할 수 없는 외로운 발들이 허리를 편다
무너질 듯 기울어진 벽을 잡고 일어서는 길
담벼락에 기대어 고양이 눈으로 살펴보면
낡고 기울어지고 굽은 틈새에서

둘인 듯 하나인 듯 가붓이 날아오르는 새 한 마리
무모하게 얽힌 골목길의 난맥 하나를 풀어낸다

누구라도 곤궁한 발이 저려오는 날에는
지척에서 파닥이는 비익조의 날개를 보게 될 것이다

거룩한 무

바람과 소리가 단절된 투명한 유리창 너머
서리서리 무서리 하얗게 내린 밭이랑
풍만한 여백에 삐죽이 그려진 삽화는
거두지 않은 한 포기 무다, 없다는 말의 동의어 무는
어디에나 있다는 말과 공존하므로
둥글고 길쭉하게 원만한 형상으로 보여야 한다
침샘의 자극 없이도 입술만으로 부를 수 있는 단음의 형태소
무수나 무―우처럼, 무시로 잦아질 형용도 아니다
따뜻한 밥상머리에 당당히 존재해야 할 중후한 명사다

무, 진즉에 도마에서 존재증명이 발부되었다면
모호하게 호명되는 그 이름이 무색하였을 것이다
언 솔가지 활활 타는 양갓집 양은솥단지 저변
고추장범벅에 깔려서 팔팔하게 요동쳤을 고등어
토막 난 갈치의 육즙을 얼마만큼 비릿하게 우려냈을까
군불 지핀 사랑채에서 살얼음 아삭이 씹히는 동치미 국물

겨울밤을 지새며 짚일하던 나이 어린 머슴들에게
볼퉁이 가득, 찐 고구마를 목메게 삼켜주었겠지
그 시절 가난뱅이 밥상에서도 향긋하게 풍겨왔을 무향

허구한 날 생채로 썰리고 잘려서 묻혀도 서럽지 않았거늘
이대로 무미하게 건조된다면 무말랭이도 되지 못한다
된서리 내리는 날, 꽛꽛하게 얼어서 무연히 사라지고 말 무
삭풍이 심근에 저며들고 하지정맥에 시퍼런 심줄이 돋아도
거룩한 식탐의 여백에서 본색을 드러내지 않고 살아온
무의 말은 허무가 아니다
무아지경으로 회귀하려는 자각인 듯
무위자연으로 무마하려는 몸짓인 듯
온몸의 진액을 청초한 이파리로 퍼올리고 있다
마침내 저 무는 서리 밴 시래기로 진국을 우려낼 것이다

거미의 풍장의식

저 허공의 빛살무늬라도 잡으려 하는가
허공에 매달린 채 촘촘한 그물을 잡고 있는 거미
여덟 개나 되는 긴 다리를 벌려
지상에서 쓸려오는 하잘것없는 미물들을 껴안는다
눈 한번 깜박이지 않고 거꾸로 매달려 있다
흔들리는 세상을 관조하는 저 몸가짐
역류할 것이 아무것도 없다는 뜻이 아닌가

도시의 지하도에서, 탈출구를 찾지 못하여
단 하루를 살면서도 남은 시간 다 허비한 하루살이나
스스로 파리 목숨이라 여겨 제 발로 날아드는
미물을 받아낼, 코 작은 그물을 치고 기다린다
외줄에 매달려 거꾸로 떨어지며
날렵하게 맥을 짚어 기절시킨 뒤,
제 뱃속에서 질긴 창자를 끄집어내어 칭칭 묶는다
덧없는 영혼을 구원하는 염습이 아닌가

어디선가 불어오는 한 줄기 메마른 바람결에

세상의 기억이 다 지워진 날파리 날개 한 조각, 날려
보내는
거기 거꾸로 서 있는 성자가 보이는가
보아라, 저 높이 솟아 날마다 울리는 종탑의 그늘에서
오색단청으로 치장한 웅장한 산막 후미진 처마 밑에서
누가, 아무도 돌보지 않는 영혼을 구하기 위해
저리도 싸늘하고 성스러운 의식을 치르고 있는가

오십견

잎 마른 억새풀 사이
낯선 햇살이 하얗게 부서지는 강변
살얼음 조각 위에서 깃털 고르는 철새들을 본다
떼 지어 물오르는 청둥오리들이
죽지를 들고 날개를 퍼득인다
차고 맑은 호수를 찾아서
무한의 낡은 계절, 봄을 두고 갈 새들

삼월의 둔치에 이는 물비린내
회오리의 가장자리에 들어서서
꽃샘바람이 몰고 온 그윽한 향수를 맡는다
양지바른 토담 아래로 소복이 쌓인 햇살
그 기억의 파장이 차디차게 밀려오는 까닭은
지나간 긴 겨울의 한기가
봄볕보다 더 푸르고 싱싱하기 때문이다

늙은 모래톱에 푸른 이끼가 돋아도
자꾸만 멀어져서 절절히 그리운 계절

돌아서서 그 겨울로 가고 싶다
머물다 가는 길, 고단한 터전에서
떠나야 할 때 날아오르지 못하는 새 한 마리
삐걱삐걱 날개만 퍼득여 볼 뿐이다
그녀의 병명은 회전근개파열이다

노인을 위한 나라는 없다

한여름, 성글도록 푸른 빗방울이
마른 보도 위로 다투어 투신할 무렵
어느 아파트 입구에
빗물을 튕기며 정차한 시내버스가
한 무리 승객들을 길거리에 토악질했다
책가방을 이고 뛰는 어린 학생들
양산을 움켜쥐고 땅만 보고 내빼는 아낙
머뭇거리던 한 노인이
천천히 빗줄기 속으로 발길을 옮긴다

버마재비 몸짓으로 느릿느릿 진격하는
중세시대의 늙은 전사를 만난다

고공에서 쏟아지는 화살을 맞으며
금세 후줄근 젖어가는 노인
한 벌의 옷이 젖는 시간을 그가 몰랐을까
비좁은 버스에서 근엄하게
당당하게 시립하여 서 있던 늙은 기사여

어쩌면 당신은
차가운 빗물이 등줄기를 타는 동안
자기 체온으로 덥힌
한 줄기 빗방울로 굴러갔던가

버스가 젖은 바퀴를 굴리며 멀어지자
노인이 사라진 신선마을 옥탑에
다냥한 햇빛이 하얗게 내려앉고 있었다

지렁이예찬

장대비가 떼서리로 날아와 꽂힌 풀밭
길 건너 기름진 흙냄새는 새 땅의 유혹이다
고개를 내밀고 느릿느릿 기어나온 골목 어귀
지렁이 몇 마리가 아스팔트길 위에
기다란 점액질 동선을 긋고 있다
눈 닫고 귀 먼 몸짓만으로도 빛을 뿜어내는,
불모지에 펼쳐진 저들의 행렬을 보라
무지를 위장한 무지렁이들의 용기는
배부른 새들과 벌이는 처절한 도박이다

통째로 먹히지만 않는다면
짓밟혀 으스러지지만 않는다면
캄캄하게 펼쳐진 사막의 도강은 곧 성공할 것이다
모가지를 길게 늘여 온몸을 쭉 뻗었다가
다시 끌어당기는 느린 몸놀림
늘씬한 몸매에서 어우러지는 팽창과 수축은
자웅동체가 빚어내는 유체의 미학이다
두 동강이가 나더라도 뜨거운 햇볕만 쪼이지 않는다면

마디마디 언제든 되살아날 수 있다고 믿는다
어두운 하늘을 보면서 젖은 길을 건너는데도,
눈 밝은 사람들이 읽어내지 못해 뭉개버렸구나

어둡고 습한 곳에 둥지를 튼 채
지상의 동물들이 버린 더럽고 추한 것들만을 삭인다
생김새는 뱀을 닮았지만, 혀를 내두르지 않고
땅을 파면서도 발톱조차 보이지 않았다
저항이라고는 오직, 꿈틀 제 몸 비틀어 보이는 것
배고픈 새들아, 무지렁이라고 쪼아대지 마라
속 좁은 자들아, 모른 척 짓밟지 마라

능소화, 코시안

능소화가 남의 등으로 팔을 뻗어야 하는 까닭은
가늘고 연약한 덩굴이기 때문이다
남의 땅, 낯선 나무를 몸으로 감고 기어오르는 일
그들처럼 일어서고 싶기 때문일 것이다
세상의 풀과 나무들이 모두 같은 땅속에 뿌리박고
같은 땅을 밟고 서 있거늘
얹혀 산다는 것, 숨통을 조이지만 않는다면

푸른 검버섯 돋은 오래된 감나무든
바람 없어도 이파리를 반짝거리는 포플라나무든
등가죽에 가시만 돋치지 않았다면
어떤 나무라도 붙잡고 기어올라야 산다
가만가만 소리 죽여 그의 어깨 너머로 손을 얹었을 때
모른 척 눈을 감거든, 온몸을 비틀어 허리를 휘어 감고
두 손을 뻗어 목을 바싹 끌어안아라
부드럽게 젖은 촉수를 등줄기에 붙이고
네 나라 구중궁궐 깊은 골방에 갇혀있던 더운 숨소리가
그의 핏줄을 타고 흐르게 하라

한 몸으로 어우러지면, 그의 꽃으로 살게 되리라

방앗간 집 낮은 담장 너머
치렁치렁 꽃송이 늘어뜨린 능소화 한 포기
늙은 수은행나무 허리 감고 은행나무꽃이 되었다
무엇이 서러운지 뚝뚝 떨구고 있는 꽃송이
마른 흙바닥에서도 시들지도 않는 꽃송이, 그녀는
원산지가 대륙의 남방이라서 코시안이다
뿌리가 잡히면, 어사화로 무성하게 피어나리라

고양이 일가에 대한 기억

사냥터에서 돌아오는 그녀의 배는 볼록했고
석양이 그녀의 등과 어깨에 내려앉아 있었다
아파트 정원 살구나무 밑둥치까지 마중 나온 아기들
볼따귀를 비벼대며 살냄새를 맡는 에미
아이들이 그녀의 콧등에 입을 맞추자
그녀가 아이들 앞에서 울컥하며 토해낸 것은
주먹만하게 뭉쳐진 고기 두어 덩이였다
오래된 아파트 폐쇄된 쓰레기장에 깃들어 살고 있는
고양이 일가, 어미의 배는 금세 쪼그라졌지만
검은 털과 하얀 수염은 여전히 반짝이고 있었다
저 미물이 사람의 보온밥통보다 더 따뜻하고
사람의 찬합보다 더 매끈한 뱃속에
새끼들이 먹을 음식을 담아왔구나
되새김질 한번 하지 않고 고스란히 담아왔구나
가령, 저 짐승도 사람처럼
하루 종일 제 새끼 먹이를 구하지 못하고
해질녘에 터벅터벅 헛걸음치고 돌아온다면,
차마 굶주린 아이들에게 빈손을 내 보일 밖에 없다면,

그때 제 뱃속에서 내장이라도 토해내려는 듯이
꾸역꾸역 헛구역질이라도 해낼 수 있을까?
내가 어릴적 앞산 발매터에 밭일구고 가난하게 살던,
병든 몸으로 아이 업고 산길 내려와
젖동냥하던 영이엄마
틈새만 있으면 새처럼 밥알 씹어 먹이던,
내가 고모라고 부르던 먼 살붙이
젖앓이하느라 갓난아기에게 젖 한 모금 제대로 먹이지
못하고 끝내는 진한 핏덩어리 토해놓고 죽은

아버지의 벽

휘이휘이, 쫓기던 레그혼 암탉들이 홰를 치며 대발을 넘어 돼지우리 지붕 위로 날아오른다 떡잎도 펼치기도 전에 온통 파헤쳐진 배추밭에서 뻐끔 담배를 피우며 시름을 쫓던 아버지 제길 헐, 비나 좀 올 일이지 혀를 차며 뒷짐 지고 앞마당을 서성이다가 잰 걸음으로 뒷간 옆 꽃밭으로 가더니 급하신 모양이다 느닷없이 허리춤을 내리신다

한 줄금 오줌발이 빗발친 자리, 갓 피어난 국화 꽃송이 머리를 흔들어댄다 갈라진 밭고랑으로 금세 물골이 파이더니 졸졸졸 단물이 넘친다 어느새 무럭무럭 자라나서 이파리를 활짝 펼쳐든 배추들, 단단하게 포기 내린 배추밭을 보고나서야 나른해진 몸을 되뉘시는 아버지 한숨 돌린 닭들이 차례차례 지붕에서 내려온다 아버지의 배추들은 여전히 쏘옥 쏙 자라나고 있다

온종일 하얗게 빛바랜 벽지만 바라보다가 기어이 벽 너머 저쪽, 푸른 배추밭을 보았다 손에 잡힐 듯 어기적거

리던 닭을 쫓다가 돌아오신 당신, 젖은 담요를 움켜쥔 손을 부르르 떨더니 모른 척 다시 잠을 청한다 여윈 눈가에 깊이 패인 주름을 타고 번지는 한 방울 눈물을 본다 빛바랜 젖은 벽지에서도 골을 따라 샛노랗게 피어나는 국화꽃 송이송이 푸드득 푸드득 날개를 펼치는데

배추마냥 풀죽은 채 끝내 꽃무늬로 얼룩진 저 벽, 어찌 홰를 치며 넘어서지 못하시는가

빅토리아연꽃

무시로 열풍이 불어와서
마음마저 뜨거워지는 여름밤이다
삼각대를 고정시키자
아마존 깊은 수렁에서 건너왔을
요요한 여인이
어둠 속에서 살랑살랑 물살을 흔들며 다가온다
단 이틀 동안, 피우고 시들고야 말 꽃의 전조는
붉게 타오를 정념뿐이다
어젯밤에는 새하얀 면사포를 쓰고 왔으니
오늘 밤에는 그 옷을 벗어던질 것이다
캄캄한 밤에 붉은 알몸으로 와서
홀연히 씨를 품고 가라앉을 여왕의 자태
오늘 밤,
침몰 직전의 그 꽃을 담으리라

그날 밤, 그녀는
단 한 컷의 붉은 알몸으로
누군가의 망각 속에서 타게 될 것이다

해설

접사(接寫/接辭)의 미학

남승원(문학평론가)

1.

성태현의 시집 『대칭과 타협의 접점』은 놀라울 정도의 활력으로 가득 차있다. 그것은 무엇보다도 시인의 시선이 자연적 소재에서부터 신문에 기사로 언급되었을 법한 장면들, 그리고 일상의 사건들에 이르기까지 거침없이 가닿는 데에서 비롯한다. 더구나 그 대상들과 거리감 없이 밀착되어 있는 시인의 시선은 마치 남의 사생활을 엿보는 것과 같은 기묘한 쾌감과 불쾌감을 동시에 불러일으키면서 작품을 감상하는 독자들에게까지 활력을 전달하고자 한다.

여기서 눈여겨보아야 할 것은 작품에 드러난 활력 그 자체가 아니라 그것을 불러일으키는 시인만의 방식이다. 성태현은 마치 카메라 렌즈로 대상을 탐구하는 사진작가의 눈과 같은 특징을 가지고 있다. 아쉽게도 구체적인 사진 기술에 대해서는 잘 알고 있지 못하지만, 작품들을 읽어 나가다 보면 이것이 단지 비유적인 표현에만 해당되지 않는다는 것을 쉽게 느낄 수 있다. 「접사의 기술」, 「Out of focus」, 「역광」 등의 제목을 통해서도 알 수 있는 것처럼 시인은 마치 '사진 찍기' 와 '시 쓰기' 를 애써 동일선상에 두고자 노력하고 있는 듯 보인다.

정서를 촉발시키는 대상을 포착하고 그것의 개성적 의미를 발현시키고자 천착하는 시인과 사진작가의 유사성은 납득할 만하다. 하지만 벤야민이 지적했고, 아감벤이 다시 한번 확인한 것처럼 '경험의 가치가 하락한 현실' 에서 '사진기' 를 통한 기술은 경험의 파괴를 촉진시키는 역할을 한다. 나아가 사진기와 모바일 기기의 결합으로 인해 일상 모든 것의 기억과 감각을 '사진' 으로 대신하는 것이 가능해지면서, 우리 스스로 경험을 거부하고 '경험의 파괴' 그 자체를 어떤 충격도 없이 일상화시키고 있는 것 또한 사실이다. 현대예술로서 '사진' 의 공과를 누구보다 예리하게 지적했던 바르트의 말대로 사진 속의 대상은 바라보는 사람에 의해서 언제나 현실로만 체험되는 한계를 가지고 있기 때문이다. 즉 사진의 대상을 둘러싼 다양한 조건들이나 또한 찍는 사람의 내면과 의미들이 전달되는 것이 아니라, 하나의 복제 가능한 기술로서 찍는 행위 자체만 남는 것이 사진 장르 자체에 내재된 불행이다.

2.

성태현의 시는 바로 이 불행 위에서 출발한다. 자신의 시 쓰기 방식을 고스란히 드러내는 한편 그것을 사진 찍는 행위와 완전히 동일시하고 있는 다음의 작품을 보자.

> 붉고 진한 그 꽃술에 입술을 적시려 한다면
> 호접몽 속으로 날아오르되 쉬이 내려앉지는 마라
> 모름지기 접사란,
> 접고 접히거나 접으며 접하는 교접이므로
> 눈 맞출 때까지 눈으로만 숨결을 더듬어라
> (…)
> 좁은 틈새로 스며든 빛이 다각의 굴절에 따라
> 몇 가닥 의심으로 파생된 회심의 눈초리
> 조리개 활짝 열어 속마음도 다 내보여라
> (…)
> 메두사로 둔갑한 그녀가 잡아먹을 듯 달려들더라도
> 선 채로 버티다가 아직은 삼각대를 접지 마라
> 손가락이 떨리면 어설피 셔터 누르지도 마라
> 서둘러 지배하려 한다면, 나지막이 떠도는 미풍에도
> 솔깃, 그대의 손길 벗어날지도 모른다

한 방울 이슬진 측거점이 촉촉이 젖어오는지
지그시 반 셔터를 눌러보라
(…)
접사의 본질은, 눈 안에 가득히 든
오직 그 한 송이 어근에 붙어 솜털 하나 땀구멍까지
긴밀히 접하여 내통하는 소통의 기술이다

—「접사의 기술」 부분

이 작품에서 시인은 접사, 즉 대상과 최대한 가까이 가서 사진을 찍으려는 사진작가와 동일시되고 있다. 앞에서 언급한 대로 사진이 대상을 현실 그대로 드러냄으로써 기존의 예술과 다른 길을 걸어갈 수밖에 없다고 한다면, '접사' 야 말로 사진의 본질이자 한계라고 할 수 있겠다. 대상과 가까울수록 공간의 왜곡이나 다른 시선의 개입이 그만큼 제한되기 때문이다. 하지만 우리가 일상에서 사진을 찍을 때 쉽게 경험할 수 있는 것처럼 대상을 가까이 찍으려고 하면 할수록 여러 가지 어려움을 만난다. 초점을 맞추기가 어렵다거나, 빛을 더 신경 써야 하는 등 대상과 거리를 두고 있었을 때는 몰랐던 다른 많은 문제들이 불거진다. 또한 대상을 근접해서 찍었다 하더라도 오히려 사진 속 대상의 모습은 왜곡되거나 과장된 경우도 발생한다. 그것은 사진의 문법 자체가 '외시성(denotation)' 으로 이루

어져 있기 때문이다. 따라서 전시회에서 볼 수 있는 것처럼 사진들이 어떤 '맥락' 속에 위치해 있는 경우조차 경험의 교환은 불가능하다.

그런데, 성태현은 경험의 교환이 불가능한 '접사의 기술' 에 거꾸로 질문을 던지면서 '맥락' 으로 이끌고자 한다. 사진 기술의 하나인 '접사' 의 구체적인 방법들을 나열하는 방식을 눈여겨보자. 사진 행위와 직접적으로 관련된 어휘들, 예를 들어 '삼각대를 접지 마라—셔터 누르지도 마라—반 셔터를 눌러보라' 등이 그것이다. 하지만 제목에서 의도한 것처럼 이 단어들을 중심으로 실제 '접사의 기술' 과 관련되어서 전반적인 의미가 배치되어 있다고 보기에는 무리가 있다. 그보다 시인은 대상의 변화나 그 대상을 바라보는 "그대" 의 구체적인 행위 등을 제시하면서 이 단어들의 기능을 지연시키기고, 나아가 '기술적 의미' 의 성립을 의도적으로 방해하고 있다. 시인에게 '접사' 란 하나의 기술이 아니라 대상과 시인 자신이 "접고 접히거나 접으며 접하는 교접" 의 방식이기 때문이다. 따라서 이 작품에는 실제 시적 대상인 '꽃' 과 그것을 관찰하는 '시선' 과의 '교접' 이 온통 얽혀있다. 그 속에서 대상은 얌전하기 이를 데 없는 여인이거나 때로는 "메두사로 둔갑" 을 하기도 한다. 또한 이를 따라 시적 주인공은 "심기를 살" 피거나 "속마음도 다 내보" 이거나, "용의주도하게 배경을 정리하" 기도 해야 한다. 즉, '접사'의 과정을 통해 대상과 주체가 서로의 "이야기"에 "귀 기울이"게 되면서 반응하는 관계로 재탄생하게 되는 것이다.

특히 "접사의 본질"을 "어근"에 "긴밀히 접하여 내통하는 소통의 기술"이라고 말하는 마지막 부분은 의미심장하다. 이 같은 진술을 통해 결국 시인의 지향은 바르트가 말한 '대상에 직면한 주체로서 스스로를 제시하는 방식에 대한 증인'으로서의 사진가를 넘어선다. 그리고 그는 카메라 렌즈를 통해 구현되는 기술적 측면에 끊임없이 맥락을 도입해서 결국 자신의 어법을 완성한다. 대상의 본질이라고 할 수 있는 '어근'을 도드라지게 하고자 했던 '접사(接寫)'의 기술은 결국 성태현의 시를 통해 '어근'과 떼려야 뗄 수 없는 상태에서 소통하는 '접사(接辭)'의 기술로 변모하면서 이른바 '공시성(connotation)'의 가능성을 보여준다. 이 같은 가능성이 바로 성태현 시의 특징이라고 할 수 있다.

「Out of focus」에 오면 이는 시인이 추구하는 의미 생산의 시창작 기법으로 확산되는 양상을 분명히 보여준다. 총 4연으로 구성되어 있는 이 작품은 제목 그대로 대상에 초점을 맞추고 사진을 찍으려는 순간 갑자기 끼어든 피사체('들파리')로 인해 초점이 흔들리는 상황으로 시작한다. 그리고 2연과 3연은 사진을 찍는 장면에서 파생된 과거와

현재의 모습인데, 중요한 것은 '초점이 흔들리는 상황'이 지속적으로 이어지고 변주되면서 앞서 지적한 대로 사진에서 비롯된 '기술'의 측면에 새로운 '맥락'을 불어넣고 있다는 점이다. 그것은 각각 이루지 못한 '첫사랑'의 추억 속에서 '그녀'의 초점을 벗어나버린 '나', "퇴직 후 한 달이 채 지나지도 않았는데 종일 아무한테서도 전화가 걸려오지 않"아 인생이라는 무대의 초점에서 제외된 채 "한 점 희미한 빛"으로 이내 "삭제"되어 버리고 말 운명인 '나'의 상황으로 나타나고 있다.

비가 그치면, 우포늪으로 갈 것이다
아무도 그 아련한 배경을 애써 지우지 않을,
밀려나도 삭제되지 않을 무한대의 초점거리에서
파르스르르 봄을 은유하며 개구리밥으로 떠돌 것이다
넌지시, 무량한 사계의 수렁에 빠져들어
지그시 색온도 낮추고 무색의 발광체로 부유할 것이다

—「Out of focus」 부분

사랑하는 사람이나 평생을 같이 한 직장 동료들에게서 멀어지고 이내 잊히고 마는 안타까움 역시 시인에게는 사진을 찍는 상황을 통해 자각된다. 달리 말하자면, 사진을 찍는 행위를 통해 시인은 보다 효과적으로 자신이 바라보는 현실을 시적 형상화의 과정에 참여시키고 있는 셈이다. 따라서 위에 인용한 「Out of focus」의 마지막 4연에서 볼 수 있는 것처럼 그 형상화의 끝에서 시인이 간절히 바라는 마음으로 그려낸 아름다운 장면을 만나도 그렇게 놀랄 일은 아닌 것이다. 그 속에서 우리는 "무한대의 초점거리"라는 불가능한 소망을 성취하는 것도 가능하며, 이미 현실에서 세속화된 '사랑'과 '직업'이라는 '초점'을 벗어나 그 어떤 것에도 "삭제되지"않거나 구속되지 않는 "무색의 발광체"로 살아가는 것 또한 꿈꿀 수 있게 된다.

3.

벤야민은 「사진의 작은 역사」에서 "미래의 문맹자는 글자를 모르는 사람이 아니라 사진을 모르는 사람이다"는 말을 인용해 놓는다. 그리고는 동시에 자기가 찍은 사진을 읽을 줄 모르는 사진사야 말로 '문맹자'라고 덧붙여 두고 있다. 따라서 사진이 '문학화'하기 위해서라면 사진가는 반드시 '표제(表題)설명'을 통해 구성의 불확실성을 없애야 한다고 강조한다. 여기서 우리는 성태현 시를 이해하는 또 하나의 중요한 열쇠를 얻을 수 있다. 벤야민이 예측한 대로 현재 카메라는 점점 작아졌고 그로 인해 광범위하고 순간적이면서도 신비한 영상(사진의 이미지)들은 정보와 수신자들 사이에서 발생하는 의미의 연상작용을 오히려 끊어낸다. 이 같은 상황에서 시인은 '대상에 대한 관찰—간섭과 균열—맥락화를 통한 의미부여' 라는 '사진 찍기'의 방식을 통해 스펙터클의 사회 속으로 끊임없이 '의미의 연상작용' 을 불러일으킨다. 즉 시인의 작업은 그 자체로 경험의 가치를 하락시키는 현실에 지속적인 '표제 달기'를 행사하고 있는 셈이다. 따라서, 아주 작거나 겉으로는 잘 보이지 않던 이면의 것들에 대한 시인의 관찰이 자연스럽게 사회적인 맥락에 가 닿을 때 우리는 신뢰할 수 있을 만한 또 하나의 시선을 만나게 된다. 그런 시인에게 '발'은 각별한 관심을 불러일으키는 듯하다.

발등이 가려워서 구두끈을 풀었지
깔끔한 줄무늬가 보여야 하는데
성글도록 해이한 이면이 보였어
온종일 양말을 뒤집어 신고 다녔다는 걸 알았지
한 가닥 느슨한 실올이 최후의 양심과도 같아
은근히 발등을 조이고 있었던 거야
오늘은 여러 사람을 만났지
친한 사람이나 낯선 사람과도 눈길이 마주쳤지

안부 묻고 홍정하고 부탁하고 잘난 척하고
오로지 매끈한 문양을 짜 넣으려고

날줄과 씨줄을 팽팽하게 당기며 안간힘을 다 썼지
실수였어 아무도 거들떠보지 않는 배후
요목조목 틀어쥐고 있었던 거야
걸핏 그들의 눈빛이나 귓전이 거슬리곤 했어
서로 피하고, 어긋나서 갈라지고, 끊어지다가
툭 불거진 매듭가지 낱낱이 발각되었어

더부룩 일어선 보푸라기마다 온기 품고 있었는데
뒤엉킨 양말의 이면에서 실마리를 찾아냈어
훌렁 양말짝 벗어던지고 가는 거야
어차피 진흙밭이니, 맨발가락 사이
내처 간질간질 차진 진흙이나 밟으며 가야지

—「양말을 벗다」 전문

유례없는 먼 거리의 이동은 현대인들에게 삶을 유지하는 조건 중의 하나이다. 그렇게 본다면, 신체 어느 부위도 중요하지 않은 부분은 없지만, 특히 '발'은 우리의 삶을 지탱하면서도 가장 드러나지 않는 곳이라 할 수 있겠다. 어떤 사람을 알기 위해 사진을 이용한다면 당연히 얼굴을 찍은 것이 가장 유용할 수 있겠지만, 때로는 '발'을 찍은 사진이 오히려 그 사람의 본질을 보여줄 수도 있다. 상처투성이에 발가락이 기형적으로 온통 휘어 있는 축구선수나 발레리나의 발 사진을 보았을 때와 같이 말이다. '발'은 이처럼 평소에 드러나 있는 신체 부위는 아니지만, 우리의 지나온 삶의 시간들과 무게를 고스란히 간직하고 있기도 하다.

나아가 이 작품에서도 시인은 '발'을 양심의 통점으로 제시한다. 2연에 잘 드러나 있는 상황들처럼, 우리는 생활을 위해서라면 자신의 본래 마음가짐과 상관없이 소위 사회적 태도를 유지해야 한다. 나아가 현실사회는 이를 강조하면서 삶의 방식으로 확산시킨다. 하지만 마치 사진이 경험을 하락시키는 것처럼 '사회적 태도'는 진정한 인간관계를 무너뜨린다.

'진정한 인간관계'의 의미를 섣부르게 판단하지 않았으면 한다. 그것은 하루에도 수없이 '카톡'을 날리고, '페북'에서 '좋아요'를 누르는 사이와는 본질적으로 다르다. 이 같은 행위들로 연결된 인간관계는 내면에 연결된 맥락을 끊어버리고 일종의 '스타일'만 남기고 만다. 현대사회에 들어 이른바 감정노동의 형태가 생겨난 것 역시 어쩌면 이렇게 인간관계가 무너져버렸기에 생겨날 수 있었을지도 모른다. 서비스 제공자의 실제 조건에 대한 배려의 상실이 결국 서비스 이용자에 대한 실제 조건에 대한 배려 없이 매뉴얼로만 제공되는 노동형태로서 말이다. 따라서 '발등의 가려움'은 상징적이다. 그 '가려움'은 1연에서 볼 수 있는 것처럼 어쩔 수 없이 '발' 을 드러내게 하는데 결국 그 행위를 통해 현실에서 긍정되는 우리의 삶이 결국 "뒤집" 힌 것이었다는 "최후의 양심" 을 자각하게 되기 때문이다.

그렇다면 시인이 바라는 인간관계의 회복은 어떤 모습일까. 3연에서 우리는 그 모습을 살펴볼 수 있는데, 그 전에 잊지 말아야 할 것은 '진정한 인간관계의 회복' 이란 어떤 구체적인 결과물이 아니라는 점이다. 만일 그렇다고 한다면 우리는 단 하나의 '천국' 을 그저 두 손 벌려 분배받는 행위만 무기력하게 반복할 수 있을 뿐이다. 그것은 "한가닥" 에 불과했던 양심이 "더부룩 일어선 보푸라기마다" 전해지는 일종의 계기이며 순간이다. 그리고 "훌렁 양말짝 벗어던지" 게 만드는 행위 자체이며, "내처 간질간질 차진 진흙이나 밟으며" 걸어가게 만드는 지속적인 힘이다.

'발' 에 대한 관심은 「맨발의 피」에 드러나 있는 것처럼, 추운 겨울 "가늘고 긴 새의 다리" 가 치마를 입고 길을 걷는 여성의 "종아리" 로 치환되는 발랄한 상상력을 보여주기도 한다. 하지만 우리에게 그보다 의미 있는 것은 현실의 이면을 바라보는 시인의 시선이 다음의 시에서 보여주고 있는 것처럼 전 지구적인 난맥상의 현실을 명쾌하게 짚어낼 때이다.

신의 이름은 오래전부터 낭비되고 있었지
(…)

간절한 기도로 뒤엉킨 신들의 각축이
뒤축박축 지구의 중심축을 무너뜨렸구나
맨해튼 상공의 갓길에서
신의 가호를 받으며 직진하던 비행체가
쌍둥이빌딩을 무너뜨리고
바그다드로 가는 사막에서 무한궤도를 신은 전차가
지구의 뒤축을 흔들어놓았으니

땅거미 질 무렵 쓰나미는 또 몰려올 것이다
내가 먼저 뾰족한 주문을 내뱉지 않는다면
다 함께 신을 벗어도 무사하지 않을까
이 쫀득한 세상에서 아침마다 발가락 모양이
산뜻, 신성한 족적을 뜨겁게 구워낼 수 있지 않을까
험한 길 편안히 인도하여 준 나의 신이여!
이제 그대 품에서 벗어나 맨발로 가리라

—「신을 벗어도 될까요?」 부분

이 작품에서도 역시 '맨발'은 속박을 벗어난 자유로움의 상징으로 나타난다. 시인은 이를 위해 먼저 "참외밭에서는 신 끈을 고쳐매지 말라"는 속담을 통해 우리의 육체는 물론이고 도덕적 판단까지 결부되어 있는 소재로서 '신'에 주목한다. 앞서 살펴본 「양말을 벗다」가 잘못 신은 양말에 주목한 뒤 개인적 도덕과 양심의 각성을 촉발시키는 상황이었다고 한다면, 여기서 보다 눈에 띄는 것은 주목한 소재의 무한한 확장이다. 따라서 이 작품은 '맨발의 자유'에 도달하기 위해 소재의 의미가 확장되어가는 과정에 보다 주목해야 한다.

성태현은 먼저 언어유희적인 상상력을 동원해 '신(발)'을 '배신—고무신—곰신'으로 자유롭게 전환한다. 언어적 확장이 끝나자마자 다시 '신(발)'은 의미의 영역으로 전환되면서 '신(神)'이 되는데, 이때 단순히 소재로 등장했던 '신'은 확장되어가는 모든 과정의 의미를 포괄한 하나의 새로운 의미망으로 변화한다. 그리고 시인이 만들어낸 이 새로운 의미망은 '9·11 테러'와 같은 현대 인류사의 크나큰 상처를 놀랍도록 단순 명쾌하게 시적 의미로 포착하는데 성공한다. 수많은 사람의 죽음을 다시 그보다 더 많은 사람의 죽음으로 되갚을 수밖에 없는 이 지구상의 비극적인 현실은 어이없게도 '신(神)'의 이름으로 벌어진 "각축"이었으며, 결국 "무한궤도"라는 '신(발)'을 "신은 전차"들의 전쟁으로 이어졌다는 것이다. 그리고 이어서 우리는 "다 함께 신을 벗"고 모든 세상이 "무사"해지기를 바라는 시인의 진심에 도달하게 된다.

많은 사진들을 접해본 것은 아니지만, 나는 '사진' 하면 반사적으로 떠오르는 장면이 하나 있다. 기아에 시달려 죽어가는 아이와 그 아이의 죽음을 옆에서 기다리고 있는 독수리. 이 작품은 당시 아프리카의 기아문제를 세계적으로 알리는데 큰 역할을 했지만, 끝내 작가인 케빈 카터를 자살로 몰고 간 비극성을 더하고 있기도 하다. 당시 사람들처럼 나 역시 어떤 행동이 옳고 그른지를 명확히 판단할 수는 없지만, 성태현의 시를 읽는 내내 이 사진과 그것을 둘러싼 상황들이 머릿속에서 떠나지 않았다. 그것은 이처럼 우리가 절대적인 외시적 의미에 노출된 사진을 감상할 때조차, 공시적 의미를 통해 파악하고자 하는 '맥락' 속에 적극적으로 뛰어들고 있다는 사실을 인식했기 때문이다. 대상에 근접해서 '렌즈—시'를 들이대는 시인의 존재가 새삼 귀하게 느껴지는 이유가 여기에 있다.

나는 성태현 시인을 만나본 적이 없다. 그래서 시인이 실제 사진을 즐겨 찍는지는 알지 못한다. 하지만 만일 시인에게 카메라가 있다면 기꺼이 사진을 한 장 청하고 싶다. 그라면 누구도 '초점'에서 벗어나지 않는 '발광체'의 모습 그대로 사진에 담아낼 수 있을 것이라고 믿는다.

대칭과 타협의 접점

2013년 7월 10일 초판 1쇄 찍음
2013년 7월 15일 초판 1쇄 펴냄

지은이 _ 성태현
펴낸이 _ 양문규
펴낸곳 _ 詩와에세이

신고번호 _ 제319-2005-000014호
주소 _ (120-865) 서울시 서대문구 북아현동 1-495 2층
대표전화 _ (02)324-7653, 070-8877-7653
팩시밀리 _ 0505-116-7653
휴대전화 _ 010-5355-7565
전자우편 _ sie2005@naver.com
공 급 처 _ 한국출판협동조합
주문전화 _ (070)7119-1741~2
팩시밀리 _ (031)944-8234~6

ISBN 978-89-92470-84-1 03810

* 이 책은 서울문화재단 '2012 예술창작지원—문학' 지원사업의 지원을 받아 발간되었습니다.